***ACCESO GRATIS** a la Lectura en la Nube*

Para visualizar el libro electrónico en la nube de lectura envíe junto a su nombre y apellidos una fotografía del código de barras situado en la contraportada del libro y otra del ticket de compra a la dirección:

ebooktirant@tirant.com

En un máximo de 72 horas laborales le enviaremos el código de acceso con sus instrucciones.

CIUDADES INTELIGENTES

CIUDADES INTELIGENTES

DIEGO FELIPE CONTRERAS PANTOJA

tirant lo blanch
Bogotá, 2024

En caso de erratas y actualizaciones, la Editorial Tirant lo Blanch publicará la pertinente corrección en la página web www.tirant.com.

Contreras Pantoja, Diego Felipe, autor
Planeación urbana y ciudades inteligentes en Colombia/ Diego Felipe Contreras Pantoja. – Primera edición. – Bogotá: Tirant lo Blanch, 2024.
151 páginas.
Incluye bibliografía: páginas 145-149.
ISBN: 978-84-1071-737-4

1. Desarrollo urbano – Colombia. 2. Planeamiento urbanístico – Colombia
I. Título.
LC: HT165.5 CDD: 307.116 ed. 23

Catalogación en publicación de la Biblioteca Carlos Gaviria Díaz

Director de la colección:
JORGE IVÁN RINCÓN CÓRDOBA

© TIRANT LO BLANCH
EDITA: TIRANT LO BLANCH
Calle 11 # 2-16 (Bogotá D.C.)
Teléf.: 4660171
Email: tlb@tirant.com
Librería virtual: www.tirant.com/co/
ISBN: 978-84-1071-737-4

Si tiene alguna queja o sugerencia, envíenos un mail a: *atencioncliente@tirant.com*. En caso de no ser atendida su sugerencia, por favor, lea en *www.tirant.net/index.php/empresa/politicas-de-empresa* nuestro procedimiento de quejas.

Responsabilidad Social Corporativa: http://www.tirant.net/Docs/RSCTirant.pdf

Índice

Para mi madre, Alba, y para mi padre,
Iván, por su amor y apoyo incondicional

Introducción

Entender la ciudad como un laboratorio es una consigna del urbanismo moderno que está asociada con la modelación del comportamiento de los ciudadanos, las actividades y los servicios al interior de ella, a partir de la interpretación de la información y decodificación de los datos que genera el sector público y privado. El objetivo de la experimentación urbana se materializa en la estructuración de territorios eficientes y sostenibles que mejoren la calidad de vida de las personas. Una infinidad de críticas y dilemas jurídicos y éticos se cuecen alrededor de esa visión organizacional del territorio, que adopta fórmulas disruptivas y que son difíciles de controlar y entender por medio de los instrumentos tradicionales de gestión de las ciudades actuales.

La ONU reconoce que el "95 % del crecimiento urbano se producirá en países en desarrollo[1]", razón por la cual, el crecimiento de las ciudades es una problemática latente de las administraciones latinoamericanas, que tiene serios niveles de desigualdad, pobreza y proliferación de asentamientos informales que comprometen la protección de los derechos de las personas. De forma paralela, estos países enfrentan una revolución digital[2] sin precedentes que pone en discusión la gestión tradicional de las ciudades y los centros de producción normativa pensados para un mundo analógico.

Las naciones han utilizado diferentes instrumentos de planificación y ordenación del territorio para gestionar este tipo de problemática, entre ellos, el concepto de territorio o ciudad inteligente, que en

---

1 ONU-Habitat. La Nueva Agenda Urbana. 2020 p.10 tomado de https://publicacionesonuhabitat.org/onuhabitatmexico/Nueva-Agenda-Urbana-Ilustrada.pdf

2 BID, 2016. La ruta hacia las Smart Cities: migrando de una gestión tradicional a la ciudad inteligente. Tomado de https://publications.iadb.org/es/la-ruta-hacia-las-smart-cities-migrando-de-una-gestion-tradicional-la-ciudad-inteligente

el caso de Colombia se ha adoptado como una fórmula para combatir la urbanización acelerada, la expansión de la ciudad y la densidad poblacional. Si bien la urbanización es un escenario de oportunidades para la protección y satisfacción de los derechos, también tiene el "potencial de exacerbar muchos de los problemas que pretende resolver[3]" cuando no se planifica ni se administra de forma eficiente.

Muchos países tienen la urgencia de transitar a ciudades más sostenibles, innovadora, modernizar espacios urbanos y tomar decisiones administrativas eficientes a partir de la decodificación de datos obtenidos por medios digitales y/o biométricos. Sin duda, la datificación replantea la construcción del espacio urbano y expone a las personas a un laboratorio de experimentación constante, que pretende tomar decisiones administrativas eficientes y edificar políticas públicas a la medida de una realidad social automatizada. Este aspecto entra en tensión con la libertad de pensamiento y la autodeterminación, pues la automatización restringe la sociedad librepensadora.

El territorio es el escenario propicio para analizar las necesidades de una sociedad, pues en él se reflejan la identidad, las angustias, las pasiones, los gustos y los anhelos de una población en un momento determinado de la historia. El concepto de ciudad comporta un criterio de medición del desarrollo, que hace palpable el grado de satisfacción de los habitantes con el entorno que los rodea y la garantía de sus derechos.

Las ciudades han evolucionado al ritmo de las transformaciones de la humanidad. Las normas de ordenación del territorio y la función de ordenación han sido influenciadas por estos cambios, pues las "*ciudades han demostrado su capacidad para sedimentar las diferentes capas de su historia, es decir, su función de palimpsestos, pergaminos que no cambian, sino que acogen sucesivamente escritos distintos*[4]".

En el marco de los procesos de estructuración y de consolidación de las ciudades, la planificación territorial se erige como una función administrativa compleja, que desde su génesis ha tenido un carácter interdisciplinario, técnico y participativo que, en la actua-

---

3 ONU-Habitat. La Nueva Agenda Urbana.2020 p.12.

4 François Ascher. Los nuevos principios del urbanismo. El fin de las ciudades no está a la orden del día, Alianza, España, 2016, p. 27.

lidad, está guiado por la conformación de territorios inteligentes, resilientes, sostenibles e incluyentes[5].

La noción de ciudad o territorio inteligente es una muestra clara de la adaptabilidad de la ciudad, porque se desarrolla a partir de una visión innovadora y contemporánea de las tendencias mundiales. Sobre este término se generan múltiples definiciones y teorías, que carecen de un norte conceptual, pero que no invalidan o imposibilitan su aplicación por parte de los Estados. Esto representa un enorme desafío para el derecho y para la ordenación del territorio, porque cada país tiene un esquema doméstico de ordenación, que le da una connotación autóctona a la ciudad y su planificación.

No es novedoso mencionar que la introducción masiva de la tecnología en la dinámica de la vida moderna ha invadido todas las disciplinas sociales, incluido el derecho. Sin embargo, esto no supone una reverencia al reduccionismo tecnológico, porque el progreso de las sociedades está enmarcado en una realidad compleja, que impide resolver los problemas de una comunidad exclusivamente a través de una lectura tecnológica de los instrumentos de planificación del territorio que es susceptible a los sesgos y prejuicios introducidos por todos los que participan en la creación de la herramienta o sistema tecnológico.

La planificación de los territorios ha sido influenciada por esa concepción tecnológica del mundo, que impacta de forma profunda la visión tradicional de ordenación[6], a tal punto que, en diferentes países se han creado lineamientos, modelos y protocolos orientados

---

5 Diego Felipe Contreras Pantoja, "Los planes de ordenamiento territorial departamental como instrumentos administrativos de concreción de la planificación intermedia: ¿un escenario articulado o en construcción?", en *Ordenación del territorio, ciudad y derecho urbano: competencias, instrumentos de planificación y desafíos*, Universidad Externado de Colombia, Bogotá, 2020, p. 256.

6 François Ascher. Op. cit. p. 18 "*Las sociedades occidentales están cambiando y entran en una nueva fase de la modernidad que ve evolucionar profundamente las formas de pensar y actuar, la ciencia y la técnica, las relaciones sociales, la economía las desigualdades sociales, los modelos de democracia. Estas mutaciones suponen y hacen necesarios cambios importante en el concepto, la producción y las de las ciudades y de los territorios, y ponen de actualidad una nueva revolución urbana moderna, la tercera después de la revolución de la ciudad clásica y de la ciudad industrial.*"

a estructurar ciudades inteligentes[7]. En la mayoría de los casos estos instrumentos están sustentados en una política de gobierno dirigida a la modernización, digitalización e innovación de la ciudad. Esto en términos reales se traduce simplemente en la incorporación de un componente tecnológico en el quehacer de la administración y en la vida de los ciudadanos, pero que en muchos casos no reflexiona sobre el alcance que tiene respecto de las dimensiones del territorio, los derechos y las garantías de las personas, ni el impacto sobre los modelos de administración pública y la cultura administrativa que fomenta.

Hay una tendencia global de los gobiernos a resaltar su política de innovación y vanguardia al interior de la administración. La política de gobierno abierto y digital ha tenido un papel preponderante en muchos países. En igual medida, un replanteamiento en la forma en que se prestan los servicios públicos. Estos escenarios no son ajenos a la realidad latinoamericana que también ha incursionado en esta materia, porque se ha generado una transferencia de políticas en la que se replican modelos y conceptos de otros países para introducirlas en el ordenamiento jurídico doméstico[8].

Las sociedades actuales requieren de instrumentos de planificación a la medida, que se acoplen a la realidad contemporánea, y para ello, es necesario construir una visión moderna del urbanismo, que se sustente en la nueva forma de actuar y pensar de la sociedad. Muchos de los protocolos y objetivos de las ciudades futuras están en normas de derecho blando, que no tienen un carácter coercitivo y que son impulsadas por organismos internacionales, en ocasiones con el apoyo económico de grupos empresariales, aspecto que pone un manto de sospecha sobre la neutralidad del modelo de ciudad que se persigue.

---

7 Smart City Council de 2015, UIT plan maestro de ciudades inteligentes sostenibles de 2015 y City Protocol.

8 Mauricio I. Dussauge-Laguna. La transferencia de políticas como fuente de innovación gubernamental: promesas y riesgos. *Estado, Gobierno y Gestión Pública,* 2012, no 19, p. 52, 54 y 55. François Ascher. Los nuevos principios del urbanismo. El fin de las ciudades no está a la orden del día, Alianza, España, 2016, p. 18.

El impacto que la innovación y la tecnología tienen sobre todos los ámbitos de la sociedad hace necesaria la intervención de las ciencias sociales, pues la aplicación de estas se ha visto relegada por la reivindicación de las ciencias exactas. La ética y el derecho adquieren un papel transcendental en la construcción de las ciudades[9] y en la protección del librepensamiento.

La ciudad inteligente plantea un sinfín de dilemas éticos y una readaptación de las normas tradicionales en materia urbana, pues estas fueron creadas y pensadas bajo un contexto analógico más que digital, cibernético y de inteligencia artificial. De hecho, la pandemia por el COVID ha replanteado de manera abrupta la forma en que se adopta una decisión de carácter administrativo, pues la técnica y los datos obtenidos se convierten en la parte motiva de los actos administrativos.

Expresiones como ciudades inteligentes, ciudades digitales, gobiernos inteligentes, ciudadanos inteligentes y gobiernos digitales son empleadas a diario por las empresas, los ciudadanos, las administraciones públicas y los medios de comunicación, y a pesar de que no existe una claridad conceptual sobre su significado se ha popularizado su utilización en diversos espacios, incluso dentro de las disciplinas jurídicas.

Colombia no se escapa de esa realidad, porque en diversas normas jurídicas y políticas públicas vigentes se emplean estos conceptos como un faro prospectivo de desarrollo, como un ideal de ciudad, en muchas ocasiones bajo un entendimiento simplista o reduccionista de este modelo. Se desconocen con exactitud las bondades o las dificultades que la utilización de estos términos representa para la planificación de las ciudades colombianas en la actualidad, porque

---

9 Guillermo Hoyos Vásquez, "Ética para ciudadanos" en *La ciudad: hábitat de diversidad y complejidad*, Universidad Nacional de Colombia, Bogotá, 2002, p. 88 "*La ciudad moderna está llamada a responder a necesidades materiales y sociales impostergables. Lo que se echa de menos es que un desarrollo material del mundo de la vida tenga que darse necesariamente a expensas de su dimensión simbólica. Lo que parece tener todavía vigencia es un sentido de polis, más allá de todo funcionalismo moderno, que facilite el encuentro, la solidaridad, la cooperación y la convivencia de los ciudadanos. Esto es lo que entendemos por la necesidad de recuperar el lenguaje de la ciudad, aquel que logre dinamizar la comunicación de los ciudadanos en todo sentido.*"

se encuentra en una fase incipiente de su evolución, por la escasez de estudios y por los retos que implica ejecutarlas en una realidad como la latinoamericana.

El origen formal de las ciudades inteligentes y los componentes que las definen han estado rodeados de diversas discusiones, porque algunos sostienen que este concepto se encuentra asociado con la ciudad digital, mientras que otros consideran que este tipo de ciudades se relaciona con el principio de eficiencia y de sostenibilidad. Algunos ven con recelo este concepto y lo consideran vacío, para una realidad como la latinoamericana, porque debe pensarse en la ciudad real y no en la ciudad ideal.

La creación de este modelo de ciudad tiene varios puntos de inflexión, que permiten sostener que es un concepto inacabado, porque no hay una definición unitaria, sino cambiante y compleja, lo que trae consigo un interesante campo de delimitación y control para el ordenamiento jurídico colombiano. Esto exige un análisis reflexivo sobre el modelo de ciudad y el impacto que tiene sobre la garantía de los derechos.

De manera lacónica se pueden exponer dos posturas sobre las ciudades inteligentes: una posición restrictiva, en la que se equipara la ciudad inteligente con la ciudad digital, equivalencia que ha sido altamente criticada por su visión restrictiva y parcializada. El fundamento de esta posición reside en los avances de la ciencia y la tecnología. Para esta posición, se puede hablar de una ciudad inteligente cuando se incorporan elementos tecnológicos en el desarrollo urbano y los procesos de las actividades administrativas, por ejemplo, la implementación de semáforos inteligentes, el uso de cámaras, la construcción del expediente electrónico, la disposición de residuos a través de herramientas de clasificación inteligente, entre otros aspectos.

Algunos cuestionan la imparcialidad de esta postura, porque la aplicación del concepto de ciudad inteligente ha sido impulsada por empresas multinacionales, que tienen grandes capacidades de información, recursos físicos y económicos, pero que carecen de una intervención de las autoridades estatales y de los ciudadanos. Esto refleja una relación asimétrica en el análisis de la información, porque hay una parte superior que tiene la capacidad para conseguir, almacenar y decodificar la información y otra parte que no posee las habilidades, ni los recursos para comprender los datos sobre un tema determinado o su procesamiento.

Hay una postura amplia en que la ciudad inteligente supone un enfoque multidimensional, soportado en el principio de eficiencia de la administración y la sostenibilidad ambiental. No se limita a la incorporación de elementos tecnológicos, sino que entiende a la ciudad como un estadio de desarrollo urbano que avanza conforme a las realidades actuales. Por esta razón, se habla de inteligencia en aspectos de movilidad, financiación, gobernanza, competitividad, uso de tecnológicas, entre otros, asuntos.

De forma minoritaria, esta visión ha sido cuestionada por restarle importancia al enfoque tecnológico y darle una lectura más integral, que diluye la preponderancia de la tecnología sobre la construcción de la sociedad. Podría afirmarse que se cuestiona de forma implícita la deliberación sobre una visión que engloba todas las problemáticas que comportan un territorio.

De este contexto de incertidumbre conceptual emanan interrogantes fascinantes para el derecho urbano, entre ellos, el problema jurídico principal que resolverá esta tesis que radica en determinar ¿si el enfoque multidimensional de la planificación urbana es un mecanismo de concreción del concepto de ciudad inteligente y de su régimen jurídico en el ordenamiento jurídico colombiano? Este cuestionamiento hace necesario que el derecho determine el alcance que tiene este tipo de conceptos sobre la creación de las normas y los instrumentos que le sirven a la ordenación y a la planificación de los territorios, así como el impacto que tiene sobre la garantía de derechos individuales y colectivos.

De manera anticipada se puede afirmar que en el ordenamiento jurídico colombiano no existe un concepto, ni un régimen jurídico consolidado de ciudad inteligente, por lo que, el enfoque multidimensional de la planificación urbana es un instrumento de concreción para ambos propósitos. Este enfoque no restringe su definición y estructuración a un componente exclusivamente tecnológico, sino que, exalta el carácter estructurador e integrador de la función administrativa de planificación en el marco de la ordenación territorial.

Para desentrañar este interrogante se debe acudir al carácter interdisciplinario de la planificación territorial, porque una visión simplista de la ciudad inteligente impediría entender la riqueza de este modelo de ciudad. No se puede pasar por alto que, el significado de ciudad por sí mismo es complejo[10] y difícil de articular, porque está compuesto por factores de carácter social, cultural, económico, político y jurídico, que imposibilitan una compresión aislada, desincronizada y plana.

El marco conceptual de esta investigación tomará algunos referentes internacionales para comprender el significado de la ciudad inteligente, principalmente, porque es un concepto de creación foránea, sin desconocer que cada Estado está en la posibilidad de construir un entendimiento doméstico de ese concepto y dotarlo con su propio alcance.

El enfoque temporal de esta investigación es actual y prospectivo, porque tiene como propósito escudriñar las características y los elementos de las ciudades inteligentes, bajo un marco normativo actual, para luego, proponer formas de articulación de este concepto con los instrumentos de planificación territorial y la función administrativa de ordenación.

El enfoque material de esta investigación restringirá su análisis principalmente a las ciudades y no a los territorios rurales[11], porque en la actualidad esta diferenciación no es absoluta y tajante, pues lo

---

10 Gustavo Montañez Gómez, "Pensar la ciudad", en *La ciudad: hábitat de diversidad y complejidad*, Universidad Nacional de Colombia, Bogotá, 2002, p. 35 *"¿Cómo pensar la ciudad? Dada la complejidad y multidimensionalidad del fenómeno urbano, y en particular de la ciudad, aparece de inmediato el problema de como estudiarla, de cómo pensarla. ¿Con cuál discurso conceptual debemos aproximarnos a ella?" y p. 36 "En medio de todos los enfoques teóricos propuestos hay uno que continúa ofreciendo una veta fértil, inagotable todavía, de provocación de reflexión e investigación. Se trata de la perspectiva de interpretación que concibe a la ciudad como una construcción social e histórica, como un palimpsesto en el cual las sociedades han escrito y reescrito su propia historia; en donde se propone una compresión del espacio tiempo como categoría histórica. Esa concepción reconoce la mediación de las relaciones sociales, pero al mismo tiempo incorpora una mediación tecnológica y técnica, así como una organización y dinámica social interna, en completa interacción con el entorno territorial regional, nacional y mundial*".

11 Gustavo Montañez Gómez. Op. cit. p. 34 *"(...) los conceptos urbano y rural, cuya interpretación y diferenciación actual se tornan difíciles precisamente por los efectos de la revolución técnico-científico-informacional, que* a través de la multiplicación de redes de servicios, otrora concentrados en la ciudad, extienden su alcance a amplios espacios territoriales, desdibujando los que fueron por mucho tiempo los contrastes más notables entre el mundo urbano y el rural."

urbano se ha expandido a la ruralidad, a tal punto que la ordenación de los territorios es un proceso simultaneo de ambos contextos espaciales. Al respecto, algunos doctrinantes consideran que esta diferenciación no tiene gran utilidad, porque puede hablarse indistintamente de ciudades inteligentes en zonas urbanas y rurales[12]. Al margen de la aplicación espacial del concepto que se estudia en esta investigación, lo importante es distinguir la materialidad y funcionalidad de éste, para comprender la manera en que incide en la compresión del derecho urbano y los derechos de las personas.

Esta investigación realizará su estudio a partir de la postura amplia del concepto de ciudad inteligente, porque ésta representa el enfoque multidimensional, que permite abordar la ciudad inteligente desde la planificación territorial de las ciudades, que tienen en cuenta todas las actividades y manifestaciones jurídicas y no jurídicas que se desarrollan en ella. Este escrito resaltará el enfoque multidimensional del concepto de ciudad inteligente, para luego deconstruirlo desde una perspectiva jurídica y prospectiva.

Se pretende resaltar el rol de las entidades territoriales en la construcción de los instrumentos de planificación territorial, por medio de una visión tecnológica y articulada con todos los demás enfoques que se desarrollan en un territorio. Las competencias territoriales de modernización, innovación y potestades normativas son un elemento esencial en la construcción de un marco jurídico de ciudad inteligente.

Esta investigación está soportada en la transversalidad y articulación de la ciudad inteligente en el ordenamiento jurídico colombiano, que ha sido poco estudiada por la doctrina jurídica nacional, pero que requiere un análisis desde el punto de vista del derecho urbano.

---

12 Jorge Iván Rincón Córdoba, "Los planes de ordenamiento territorial: ciudades en busca de identidad", en *Ordenación del territorio, ciudad y derecho urbano: competencias, instrumentos de planificación y desafíos*, Universidad Externado de Colombia, Bogotá, 2020, p.490 "La superación de la separación entre lo rural y lo urbano a efectos de generar interacción y complementariedad entre dos realidades. No se trata de renunciar a las individualidades y características de estos territorios, sino de reconocer la interdependencia de los mismos, enmarcarlos en una realidad conjunta y, ante todo, establecer en que momentos es beneficioso o perjudicial flexibilizar o hacer rígidas las fronteras espaciales".

Para demostrar que el enfoque multidimensional de la ciudad inteligente es un instrumento de concreción de este concepto, es necesario observar el impacto que ha tenido su indeterminación sobre la garantía de los derechos individuales y colectivos. Para cumplir con este propósito, en primer lugar, es necesario entender la manera en que algunos discursos de ciudad a lo largo de la historia han incidido en la función administrativa de planificación desde una perspectiva multidimensional y la garantía de los derechos. Comprobada la importancia de esa visión holística de la ordenación del territorio se analizará la forma en que el concepto de ciudad inteligente también ha transitado de una visión reduccionista a una multidimensional, que ha sido tímidamente implantada por el ordenamiento jurídico colombiano sin un norte conceptual claro, de manera dispersa y desordenada.

Posteriormente, estudiaremos la forma en que el enfoque multidimensional de la planificación sirve para la edificación de un régimen jurídico doméstico de la ciudad inteligente a partir de los planes de ordenamiento territorial y de las competencias de innovación, modernización y disrupción de las entidades territoriales. Comprendiendo el potencial que poseen las entidades territoriales para expresar su autonomía territorial a través de competencias innovadoras, abordaremos algunos elementos transversales y sectoriales de la ciudad inteligente para deconstruir a través de casos de estudio el impacto que este modelo de ciudad puede llegar a tener sobre los derechos, libertades y responsabilidades de las personas y las autoridades estatales.

I. Indeterminación del concepto de ciudad inteligente: un escenario en construcción que involucra la garantía de derechos individuales y colectivos

Para muchos el concepto de ciudad inteligente está relacionado con la inclusión de la tecnología en la construcción de la ciudad. No obstante, alrededor de esta noción se crean múltiples definiciones, que hacen compleja la compresión de este modelo, estadio o tipo de ciudad, porque no existe un norte conceptual claro desde una perspectiva jurídica.

Este apartado pretende desmitificar la noción reduccionista de la ciudad inteligente a partir de la función de ordenación y planificación territorial. Lo primero que debe advertirse es que existe una multiplicidad de definiciones sobre la ciudad inteligente, que en ocasiones desconoce la forma tradicional en que la humanidad ha concebido el territorio que habita.

Todos los modelos de ciudad parten de tendencias de orden arquitectónico, político, religioso, social, económico y estratégico en un momento determinado de la historia. La tecnología es un componente actual de nuestras vidas, y la innovación y la disrupción son fenómenos constantes. La capacidad de adaptación de los seres humanos a los avances de la sociedad no es un fenómeno reciente o que se circunscriba exclusivamente a nuestra actualidad.

El mundo ha estado sometido a cambios vertiginosos de desarrollo que han transformado la cara de las ciudades. Los procesos de industrialización invadieron la forma en que se construyeron las ciudades, la manera en que eran vistas y marcaron distancia con el campo.

Estos procesos históricos son la muestra de una ciudad industrial, que se gestó a partir de un escenario de desigualdad material, explotación laboral, contaminación ambiental y aceleración del ritmo de vida de las personas. Los sistemas económicos determinaron en muchos sentidos la dinámica de la vida en sociedad[1].

Las necesidades de la sociedad se reflejan en los procesos de ordenación y planificación territorial, porque los ciudadanos expresan a través de ellas la priorización de aquellas actividades que tienen mayor preponderancia, los espacios que se destinarán para el desarrollo de la identidad de los individuos, la disposición de zonas marginales, entre múltiples orientaciones y directrices que hacen parte de la dinámica de cualquier territorio. Debe resaltarse que la ciudad no está al servicio de un grupo de personas determinadas o de un individuo particular, pues ella tiene identidad propia y genera una percepción de lo colectivo y un grado de apropiación comunitario que la complejizan y que descartan las soluciones individualistas frente a problemas de orden colectivo.

La tecnología representa un cambio en la vida y dinámica de la sociedad actual, sin embargo, una visión reduccionista y alejada de una lógica colectiva en nada serviría en la construcción de un modelo de ciudad. Para algunos el concepto de ciudad inteligente es vacío y carente de un contenido sustancial palpable, pero para otros es un modelo de ciudad revolucionario, que se adapta y sirve a la solución de los problemas de la ciudad actual.

Cada una de estas visiones tiene un grado de veracidad, porque más allá de esa indeterminación[2] hay un fenómeno complejo, que envuelve a

---

1 Antonio Escudero, Volviendo a un viejo debate: el nivel de vida de la clase obrera británica durante la Revolución Industrial, Revista *de Historia Industrial,* Universidad de Barcelona, 2002, p. 14.

2 Daniel Castaño Parra, El servicio público digital como piedra angular de las Smart Cities, en *"Ordenación del Territorio, ciudad y derecho urbano. Competencias, instrumentos de planificación y desafíos"*, Universidad Externado de Colombia, 2020, p. 1181. "*Uno de los mayores obstáculos que enfrenta el estudio de las Smart Cities es su ambigüedad conceptual y su falta de regulación normativa. En efecto, el ordenamiento jurídico colombiano no contiene una definición que permita identificar su contenido y alcance desde una perspectiva jurídica, por lo que la definición se aborda a partir del estado de la técnica. En todo caso, los conceptos varían en consideración a las necesidades del territorio, el fenómeno urbano y la*

la sociedad actual y que se representa a través de diferentes aristas, entre ellas, desde una perspectiva jurídica, que impacta el derecho urbano de una manera moderna y poco convencional o tradicional.

Este marco de incertidumbre se refleja en nuestro ordenamiento jurídico colombiano, porque no existe una compresión clara de la ciudad inteligente. En nuestro país se establecen competencias en cabeza de la Nación y los entes territoriales sobre estos temas, sin una determinación conceptual precisa, pues se propende por la modernización de la administración pública y por la innovación de las ciudades a partir de un enfoque que no está articulado con otras competencias. Esa indeterminación no es novedosa para el derecho, por lo que resulta inquietante y fascinante, pues colinda con debates jurídicos, tecnológicos y sociales que no han sido estudiados a profundidad, en ocasiones por escepticismo y desconocimiento sobre la incidencia que tiene la sociedad moderna en la construcción de las normas de ordenación del territorio.

La urgencia de las ciencias sociales en la construcción de este tipo de ciudades es vital, para impedir que esté sustentada exclusivamente en conceptos de las ciencias exactas. El estudio de las ciudades inteligentes sirve para reivindicar el papel de las ciencias sociales, entre ellas, el derecho, para que se apropien de debates que carecen de componentes éticos[3], sociales y jurídicos, que no pueden edificarse a partir de un algoritmo.

---

asimilación de las tecnologías de la información en las diferentes jurisdicciones. Por ello resulta menester realizar una aproximación conceptual a las smarts cities, para luego con base en una definición de trabajo, identificar sus fundamentos normativos en el derecho positivo jurídico-positivo".

3 Guillermo Hoyos Vásquez. Op. cit. p. 90-91 "*El sentido, por tanto, de una crítica a la modernidad, reducida a mera modernización en el ámbito de la ciudad contemporánea, sería el de una liberación integral y radical con respecto a las simplificaciones y limitaciones del racionalismo tecnocrático. Se supera este sentido unidimensional de técnica mediante la apertura que implica el lenguaje de la arquitectura a múltiples formas de participación ciudadana en los diversos aspectos de la planeación y organización de la ciudad. // No se trata por tanto de un retorno al pasado ante la positivización de la técnica y la tecnología, sino de conformar de tal manera la ciudad en que éstas sean ayudas de convivencia, solución de problemas de subsistencia y comunicación, y no solo de instrumentos de la burocracia y de la acumulación del capital. Los aspectos de participación, ciudadana,*

Tampoco se puede desconocer que para muchos la ciudad inteligente redunda en una utopía, que se enmarca en la visión ideal de una ciudad, y tienen razón en ello, porque es un enfoque ideal de ciudad. Sin embargo, no puede ignorarse que la planificación comporta una visión prospectiva y anhelada del territorio. El planificador es el creador de un plan, que tiene en cuenta el pasado, el presente y el futuro de un territorio, que no se restringe únicamente a la resolución de problemas actuales, sino que se anticipa a los cambios del mundo. La planificación implica el análisis de los problemas y necesidades que aquejan a una sociedad en un momento determinado, pero no reduce su campo de acción exclusivamente a ello, sino que se anticipa a las problemáticas del futuro.

Más allá de las críticas que surgen sobre la implementación del concepto de ciudad inteligente en los países en proceso de desarrollo, lo que debe resaltarse es que un modelo de ciudad que responde a una visión actualizada y cambiante del mundo, que tiene algunos componentes similares al modelo de ciudad tradicional, solo agrega aspectos que no han sido estudiados por las normas de ordenación territorial o que merecen un replanteamiento a la luz de las herramientas que se utilizan para su construcción e implementación. La ciudad inteligente representa una faceta o un estadio de la ciudad, que se relaciona con el valor cambiante, dinámico, adaptable y maleable de la sociedad actual.

Para acotar la indeterminación de la ciudad inteligente se acude a criterios jurídicos e históricos, que pretenden desmitificar algunos imaginarios equivocados sobre la noción de ciudad inteligente y el alcance que tiene sobre las normas de ordenación del territorio. Para tal propósito, se desarrollarán los siguientes aspectos: en primer lugar, se analizará la transición del concepto ciudad a partir de algunos estadios de su desarrollo; en segundo lugar, se estudiará la evolución del concepto de ciudad inteligente del reduccionismo tecnológico a la visión holística y multidimensional del territorio y, en

---

de comunicación y solidaridad que se han acentuado permiten superar la lógica alienante y devastadora de la racionalidad instrumental y desarrollar un auténtico sentido de práctica de la democracia en referencia con los problemas de la ciudad contemporánea".

tercer lugar, se examinará la incorporación del concepto de ciudad inteligente en el ordenamiento jurídico colombiano.

1.1. Transición de las ciudades como estadios de desarrollo urbano: la planificación multidimensional como eje central de la ciudad contemporánea

La historia de la ciudad se encuentra ligada a la historia de la humanidad. Desde tiempos remotos los seres humanos han orientado su conducta a partir de las necesidades alimentarias y de la protección de su integridad personal. El sedentarismo y la conformación de asentamientos humanos contribuyeron a la creación de las aldeas[4], que fueron el primer antecedente lejano de ciudad.

Al interior de las aldeas se conformaban grupos de personas que se encargaban de las necesidades básicas, de crear instrumentos de protección para enfrentar los peligros de la naturaleza y de diseñar rudimentarios sistemas de colaboración entre ellos, con el objetivo de sobrevivir al mundo exterior.

Los alimentos jugaron un papel esencial en la construcción de estos asentamientos humanos, porque despertaron en estas comunidades la necesidad de planificar y racionar los alimentos ante escenarios de escases provocados por las condiciones climáticas de los territorios. Esa visión anticipada a las circunstancias de vulnerabilidad alimentaria surgía del instinto de supervivencia, que inspiró a los seres humanos a planificar y adoptar una visión prospectiva del mundo que los rodeaba.

Comportamientos tan sencillos como guardar semillas, disponer de espacios secos para su conservación y métodos de cultivo forjaron un ciclo de seguridad alimentaria que se mantiene en nuestros días. La alimentación es un campo en que la humanidad ha usado su in-

---

4 Fabio Zambrano, "La ciudad en la historia", en *La ciudad: hábitat de diversidad y complejidad*, Universidad Nacional de Colombia, Bogotá, 2002, p 123. "*Sin el antecedente aldeano la comunidad urbana más basta habría carecido de una base fundamental para la reproducción de la organización social. Podemos resumir el aporte de la aldea como la asociación simbólica de gentes, animales y plantas, además de la creación del orden y las estabilidades que son básicos para que surja la ciudad*".

genio para idear fórmulas de protección colectiva. Esta es una muestra de cómo la realidad incide en la organización de un territorio y en las dinámicas de vida dc una población.

Con el paso del tiempo, la organización del territorio y los procesos sociales se complejizaron, las aldeas se convirtieron en ciudades rudimentarias y el ritmo de vida adquirió una connotación más profunda y especializada en la que emergían preocupaciones adicionales a la supervivencia, como el ocio, el arte, la cultura y la religión. Ese entramado de relaciones forjó el concepto de ciudad desde una óptica sectorial e incipiente.

Desde la aldea, la introducción de instrumentos para el desarrollo de actividades significó un avance social. No es novedosa la forma en que los avancen impactan de manera determinante en el desarrollo de la sociedad y el territorio. No puede ignorarse que la ciudad es sinónimo de unidad y desarrollo, debido a que en ella confluye una variedad de elementos que han sido agregados a partir de un crecimiento histórico y autóctono de cada territorio.

En la ciudad antigua, el individuo y la sociedad eran percibidos de forma distinta a la ciudad contemporánea, porque las preocupaciones que se gestaban al interior de cada una reflejan un proceso histórico y jurídico en un momento y lugar determinado. La estructuración del concepto de ciudad apareció primero que su institucionalización, pues primero fue una realidad y luego adquirió una connotación institucional, que cimentó las bases propias para regular esa organización.

La complejidad misma del concepto de ciudad supone una dificultad para definirlo, toda vez que es objeto de estudio inacabado, porque está en constante evolución y redefinición. Cuando tratamos de definir la ciudad inteligente no es posible tener una única definición, pues es un estado del desarrollo de las ciudades, que en el futuro puede remplazarse por las exigencias propias de una sociedad con ideales y anhelos disimiles, de ahí que sea mutable a los modelos de ciudad que deseen implementarse en su interior.

Las ciudades pueden categorizarse a partir de criterios económicos, sociales, turísticos, culturales, estratégicos, entre otros aspectos, que algunos autores han utilizado para entender su dinámica y su forma de planificación. A lo largo de la historia, algunos territorios se han denominado ciudades portuarias, mercantiles, industriales, financieras, sostenibles y tecnológicas. Estas clasificaciones emanaban de la percepción principal que las personas tenían sobre un territorio o sus núcleos principales de producción. Estas categorías han sido empleadas por el derecho y la historia para identificar el tipo de organización que se pretende regular.

Debe advertirse que no existe un desarrollo histórico univoco a nivel mundial, porque la idiosincrasia de cada territorio le imprime un carácter histórico diferenciado[5]. No obstante, algunos acontecimientos trascendentales comunes han incidido de manera directa en la consolidación de las ciudades occidentales. Resulta útil aludir a las ciudades antiguas y a las ciudades modernas, para extraer aspectos históricos, económicos y sociales que han servido a la creación de las normas de ordenación del territorio en épocas específicas.

En algunas ciudades incipientes de la Edad Media el rol de las personas frente al poder era distinto a las ciudades contemporáneas, porque los lazos de solidaridad, la seguridad y la religión eran percibidos como ejes centrales de ese tipo de sociedades feudales en que la muralla y la protección de un terreno eran todo para los súbditos[6]. Esta referencia expone la composición de ese tipo de ciudades a la necesidad de protección y seguridad como una consigna principal, así como, el sentido de colectividad y la falta de la individualidad. A finales de la Edad Media múltiples paradigmas de ese modelo social se rompieron y le dieron paso a la razón, individualidad y estratificación social.

---

5 Angus Mackay. Ciudad y campo en la Europa Medieval, 1984, p. 30. "*Es decir que las ciudades y villas no actúan todas de la misma manera y no constituyen un factor abstracto en el proceso histórico*".

6 Edith Ennen, The Medieval Town, 1979, p. 1 "*La pregunta "¿Qué es una ciudad?" es fácil de contestar de una manera plausible en cuanto a la Edad Media. Como una silueta compacta, el trazado de una ciudad medieval, densamente formada, rodeada por una muralla, y dominada por las iglesias y la fortaleza, formaba un contraste bien definido con el mundo rural... La muralla era más que una fortificación; delineaba un espacio de legislación urbana especial —es decir, aquella igualdad de gran alcance entre los vecinos de la villa que tanto se oponía al orden jerárquico y señorial que dominaba fuera de las murallas*". Esta es una visión histórica de la ciudad medieval sustentada en un componente jurídico altamente marcado, que para algunos historiadores debe revaluarse, porque el derecho no puede ser el único referente para definir este concepto tan complejo.

La ciudad europea es un objeto de estudio relevante para la comprensión del contexto latinoamericano, pues el proceso de colonización influyó en la estructuración de la organización territorial actual, en particular, en el caso colombiano, que tiene diversos vestigios de la herencia española[7].

Desde una perspectiva global, las normas de ordenación del territorio han tenido un referente histórico en los procesos de industrialización, por lo que este escrito acudirá a los hitos de este proceso de desarrollo y modernización[8]. En ese orden, lo primero que debe comprenderse es que la modernidad no es un estado, sino un proceso de transformación de la sociedad, que tiene una estrecha relación con la urbanización. Todos los avances y procesos productivos en la historia han influenciado de forma definitiva la organización de las ciudades.

La modernidad ha sido estudiada por las ciencias sociales desde diferentes aristas, pero a este escrito le importa esa visión histórica e industrial. Para autores como Ascher, la modernidad está conformada por tres hitos históricos que están asociados a una revolución urbana con características diferenciales. La primera fase comenzó a finales de la Edad Media y terminó a principios de la Revolución Industrial, la segunda etapa, inició desde la Revolución Industrial

---

7 Jorge Iván Rincón Córdoba. Historia de las ciudades colombianas: de la norma urbana al derecho de la ordenación del territorio, en *Revista Iberoamericana de Gobierno Local, No.* 18, 2019. p. 6 *"Por otra parte, el modelo que servirá de referente para la fundación y estructuración de las primeras ciudades colombianas será el establecido en la España de la baja edad media, aquella que se consolidó de los siglos XI a XV, muchos de los parámetros establecidos para ellas serán referencia de los primeros conquistadores para la conformación de asentamientos humanos por ser lo conocido, lo que es llamado a emular, copiar o repetir, otros serán modificados dadas las particularidades geográficas y, de manera posterior, se constituirá un conjunto de normas que serán de obligatorio cumplimiento en territorio americano".*

8 François Ascher. Los nuevos principios del urbanismo. El fin de las ciudades no está a la orden del día, Alianza, España, 2016, p. 21 "La modernización es un proceso que surge mucho antes de la época que conocemos como Edad Moderna. Fue el resultado de la interacción de tres dinámicas antropológicas cuyas huellas encontramos en distintas sociedades pero que, al entrar en resonancia en Europa durante la Edad Media, dieron lugar a las sociedades modernas: la individualización, la racionalización y la diferenciación social."

y terminó a finales del siglo XX, y la última fase de la modernidad empezó a principios del siglo XXI.

Autores como Klaus Schwab[9] tienen una visión histórica del desarrollo de la sociedad occidental desde una concepción más económica y tecnológica, que está centrada en el desarrollo industrial, debido a que, los avances de la ciencia, la técnica y la innovación son los elementos principales de ese enfoque.

Schwab considera que actualmente vivimos la Cuarta Revolución Industrial y tiene una lectura de cuatro etapas, en la que la primera revolución industrial comenzó desde 1760 a 1840 en la era de la producción mecánica, la segunda etapa, entre finales del siglo XIX a principios del XX con el advenimiento de la electricidad y la cadena de montaje; la tercera etapa, inició en la década de 1960 y se denominó la revolución digital; y, la cuarta fase, es la fusión de dominios físicos, digitales y biológicos[10].

Para tener una lectura integral de los diferentes acontecimientos históricos que han repercutido en la creación, gestión, ordenación y evolución de las ciudades occidentales se fusionan ambas percepciones históricas. La mezcla de estas visiones permite extraer componentes de la ciudad que se gestaron a partir de la interdependencia entre el desarrollo industrial y los procesos de urbanización.

Antes de explicar cada una de estas etapas, es necesario advertir que, la *"historia de las ciudades ha estado marcada por la historia de las técnicas de transporte y almacenamiento de los bienes, la información y las personas*[11]*"*, razón por la cual, la técnica y la innovación han sido el faro principal para el desarrollo de las ciudades.

La sociedad ha avanzado al ritmo de las innovaciones y las normas que regulan la ciudad se han adaptado y replanteado conforme a las necesidades de esa realidad. De nada serviría un derecho estático y mezquino a la modernidad, porque esto supondría un vacío normativo que podría colmarse con la arbitrariedad y la subjetividad

---

9 Klaus Schwab. *La cuarta revolución industrial.* Debate, 2016, p. 9 y 10.

10 Klaus Schwab, op cit. 12.

11 François Ascher. Los nuevos principios del urbanismo. El fin de las ciudades no está a la orden del día, Alianza, España, 2016, p. 20.

de los centros de poder. Se destaca que las normas de ordenación del territorio tienen un profundo sentido de control y garantía de la igualdad material.

El desconocimiento sobre los impactos que puede tener una invención no puede ser obstáculo para no regularla, situación que obliga a las disciplinas jurídicas a ser parte del proceso evolutivo de las ciudades. En su momento la electricidad, el ferrocarril, la pasteurización entre múltiples inventos provocaron cambios revolucionarios en la sociedad, que exigieron una forma de control por parte del derecho, con la intención de impedir situaciones de inequidad y arbitrariedad.

La realidad se impone y nutre el derecho como disciplina, porque la creación de las normas jurídicas parte de un contexto, de una percepción cultural y de una conciencia generacional determinada, que hacen imposible que el legislador o la administración puedan regular todos los escenarios de la actividad humana. Las normas de ordenación del territorio son el ejemplo más contundente de este planteamiento, pues han estado sujetas al vaivén del complejo proceso evolutivo de las ciudades.

Realizadas las apreciaciones anteriores, es necesario detenernos en la concepción de las ciudades clásicas a finales de la Edad Media y la importancia de ese antecedente en la disciplina urbana. Este periodo estuvo plagado por los ataques a las ciudades antiguas, el quebramiento a la identidad de los pueblos, del desplazamiento forzado y de las aglomeraciones.

Las invasiones bárbaras son la muestra de los rezagos de la guerra y del impacto que tienen sobre el territorio, pues el legado que muchas ciudades construyeron durante siglos se quebrantó con la caída del Imperio Romano y con los multitudinarios ataques a la población. La guerra como un medio de destrucción masivo del legado urbano trajo consigo el abandono de las ciudades, la disminución de la población, el desplazamiento de personas hacia fortalezas y murallas que les proporcionaran seguridad y protección a sus familias.

Esta realidad cambió de manera paulatina y transitoria, porque se realizaron intentos de recuperación de las ciudades antiguas por parte de los reyes bárbaros en territorios abandonados en que la preocupación principal era la creación de un robusto espacio de defensa contra la amenaza de los enemigos. La cuadrícula como punto de referencia para ordenar perdió sentido, pues crearon grandes construcciones religiosas en el centro de esas ciudades, que en muchas ocasiones no estaban alineadas con la ubicación de las viviendas. Así como la construcción del castillo en el medio de la ciudad, que no tenía una relación alineada con las viviendas que la rodeaban.

La desorganización del territorio era muestra de que *"la planta urbana regular se vio constantemente amenazada, y no solo por la implantación de grandes construcciones sino por la relajación del concepto de derecho municipal*[12]*"*. Esto significa que la propiedad pública del suelo se vio afectada, porque el uso que los habitantes le daban a su propiedad privada definía la organización de la ciudad. En consecuencia, se produjo una degradación masiva del espacio público ante la falta de control municipal, que alteró la lógica organizacional de las ciudades antiguas y desarrolló la ciudad a partir de intereses individuales que no tenían una visión colectiva de ordenación territorial.

No en todos los territorios ocurrió este fenómeno, pues en algunas regiones la reconstrucción sirvió para demarcar y darle vida a las ciudades abandonadas. Sin embargo, la inestabilidad de algunos asentamientos impedía su consolidación como ciudades robustas, pues las rutas comerciales se apagaban y eran abandonadas por las complejas condiciones geográficas de la época y la falta de arraigo sobre el territorio.

En el siglo XI se gestaron proyectos de organización y delimitación del espacio público. En este periodo se forjaron algunos elementos de la organización de la ciudad, si bien, para muchos no tenían una planificación adecuada, ni tampoco una disposición ordenada, lo cierto es que el urbanismo emergió de un proceso complejo y paulatino de organización. La necesidad de darle un sentido al espacio y al territorio, la urgencia de separar la vida pública de la privada. Se hizo imperioso proteger a los refugiados que llegaban en busca de protección. Esos masivos desplazamientos generaron un crecimiento en esos territorios, que descompensó la armonía y el equilibrio que existía en las murallas. Esas incipientes ciudades se desbordaron y

---

12 Beatriz Arizaga Bolumburu. El paisaje urbano en la Europa Medieval, *tercera semana de Estudios Medievales: Nájera 3 al 7 de agosto de 1992*. Instituto de Estudios Riojanos, 1993, p.16

crecieron de una manera desorganizada. La protección de los monarcas generaba la cohesión del territorio.

Durante ese proceso de conquista y repoblamiento el colonizador imponía su visión sobre el territorio y dividía el espacio geográfico conforme a su parecer e intereses económicos. Estos son bosquejos de una rudimentaria organización trasplantada. Este es un referente similar al contexto latinoamericano en que las normas de ordenación del territorio se regían por una visión colonial.

Existe una percepción generalizada por muchos de que en el Medioevo no existía un proyecto urbanístico y que carecía de una racionalidad en su arquitectura. No obstante, esa posición es criticable, porque la organización y racionalización de este proceso no fue espontanea, sino paulatina. No se pretende afirmar la existencia de la planificación de una ciudad medieval perfecta[13], pero se quiere resaltar los incipientes procesos de ordenación, que aportaron a este proceso evolutivo de ciudad. Ese esquema se vio quebrantado ante la aglomeración y el excesivo desorden del espacio.

Entre los siglos XI y XIV las ciencias, la economía y la sociedad modificaron el modelo feudal y las estructuras de poder transitaron a nuevas formas de gobierno. Surgieron los primeros esquemas de ordenación, racionalización y proyectos urbanísticos[14]. La separación de los espacios, la ampliación de las calles y la extensión de los territorios se forjó, de manera más acelerada, por la dinámica económica de los pueblos. Esto trajo consigo una conciencia técnica de la ordenación, es decir, las administraciones de forma razonada adoptaban decisiones sobre sus espacios y surgieron los primeros an-

---

13 Beatriz Arizaga Bolumburu. Op. cit., p.2 *"Esto no quiere decir que todas las villas sean ejemplos perfectos de planificación urbana fruto de una voluntad creadora. Por lo general las ciudades medievales no son creadas de una forma tan perfecta. Se producen fundaciones con unas ciertas nociones de urbanismo planificado, pero pronto comienzan las degradaciones de la red urbana, debido a la aglomeración de pobladores y la creación de arrabales."*

14 Beatriz Arizaga Bolumburu. Op. cit. p.25 *"Las villas nuevas por lo general están construidas según un plan prefijado por el fundador o los primeros colonizadores, que eligen la situación o emplazamiento de la futura villa, el diseño del plano, la estructura interna intramuros, la distribución del espacio público y privado, el número de calles, su largura y anchura, y el tamaño o nuevo de parcelas (...)".*

tecedentes de una planificación del territorio, que imponían orden y control sobre el espacio.

El nacimiento de los Estados-nación, y de nuevas estructuras organizacionales y administrativas influyeron en la construcción de las normas de ordenación, porque se adecuaron al quehacer de ese tipo de organización. La creación de un proyecto urbanístico y la racionalidad de la ciudad denotaban los primeros rasgos de la planificación del territorio[15].

Con el Renacimiento y la intensa dinámica del mercantilismo, las ciudades incipientes se transformaron, se expandieron y se orientaron a objetivos e intereses de la población. Durante esta época, la racionalización de las decisiones para definir el entorno, la división del espacio público y privado. El ordenador tenía criterios técnicos de decisión y el papel del campo era predominante.

Ese proceso evolutivo estuvo plagado de grandes hallazgos y descubrimientos científicos que moldearon la ciudad y la dinámica en que los ciudadanos se relacionaban con el territorio. La Revolución Industrial tuvo impacto avasallador sobre la vida cotidiana de las personas y su estrecha relación con los modos económicos de producción. El acelerado proceso industrial trajo consigo un desplazamiento de los campesinos a las zonas urbanas. Ese crecimiento demográfico generó conflictos de orden social, económico, laboral y ambiental, porque se estratificaron y fragmentaron los espacios urbanos.

Los espacios públicos se vieron afectados por la suciedad y el crecimiento exacerbado del proceso industrial, para el cual no estaban preparadas las ciudades. Sin embargo, la ciudad adoptó una visión en el marco del proceso de planificación, porque no puede desconocer las necesidades de comunicación, el transporte, los temas logísticos, entre otros. Las normas de ordenación replantearon la manera

---

15 François Ascher. Los nuevos principios del urbanismo. El fin de las ciudades no está a la orden del día, Alianza, España, 2016, p. 24. "*Esta ciudad explica la instauración del Estado-nación, la expansión del territorio, la aparición de las ciencias y técnicas nuevas y la naciente autonomía de los individuos. Esta ciudad es moderna también porque es proyecto: cristaliza la ambición de definir el futuro, de controlarlo, de ser el marco espacial de una nueva sociedad, es diseño de un designio. De hecho, de ella nacerá su forma última utopía*"

en que se disponía el espacio, porque no todos los lugares eran aptos para generar procesos febriles, por las grandes cargas de contaminación y la modificación del entorno social. Este ejemplo sirve para ilustrar la forma en que las normas de ordenación del territorio imponen cargas para unos y beneficios para otros como consecuencia del desarrollo de una actividad económica.

Sectorizar el territorio se convirtió en un instrumento de ordenación trascendental, porque implicaba una división del espacio por especialidades y actividades. Al respecto, Ascher manifestó:

> "(…) un urbanismo fordo-keynesio-corbusiono, expresión de una racionalidad simplificadora mediante la planificación urbana, las zonificaciones monofuncionales y las estructuras urbanas jerárquicas; un urbanismo adaptado a la producción y al consumo masivo en los centros comerciales, las zonas industriales y la circulación acelerada y. asimismo, materialización del Estado del bienestar con los equipamientos colectivos, servicios públicos y viviendas sociales[16]".

En concordancia, el territorio se adaptó al modelo de producción, a la sociedad del consumo y al desarrollo industrial[17]. Desde una perspectiva jurídica, tuvo un impacto especial porque el funcionamiento del territorio se controló a partir de normas de ordenación que pretendían zonificar de manera monofuncional los espacios. En la actualidad este es un paradigma revaluado porque las ciudades contemporáneas les dan un enfoque multifuncional a los espacios, pues se permite la concurrencia de diferentes actividades y servicios en un mismo lugar, característica que beneficia la calidad de vida de las personas que viven alrededor de estos espacios.

En esa época la planificación tenía una técnica y una racionalidad avanzada, que suponía el control de las actividades económicas por medio de ordenes jurídicas que adoptaba la administración

---

16 François Ascher. Los nuevos principios del urbanismo. El fin de las ciudades no está a la orden del día, Alianza, España, 2016, p. 27.

17 Rubén Jaramillo Vélez, "El rencor ante la ciudad" en *La ciudad: hábitat de diversidad y complejidad,* Universidad Nacional de Colombia, Bogotá, 2002, 74-75 "*Ya en este periodo la automatización y la mecanización se vuelven características de la vida cotidiana: el proceso de reproducción material de las sociedades comienza a verse determinado por la producción fabril, por la gran industria. Todo lo anterior, va a tener consecuencias en el terreno jurídico-político.*"

pública. Sin duda, esto denota un rasgo de la actividad de policía administrativa, porque se dirige a controlar la forma en que puede disponerse el territorio. No puede desconocerse que el incremento de servicios públicos, la necesidad de infraestructura, la urgencia de expansión, la creación de nuevas vías y la demanda de nuevos almacenes también impulsó esa zonificación o sectorización del espacio.

Con base en la visión de Schwab, durante ese periodo la producción mecánica invadió el derecho, porque se crearon nuevos escenarios de responsabilidad y se aumentaron los riesgos asociados a estas actividades. Los avances de la humanidad siempre han tenido una connotación jurídica y no es extraño que el concepto de ciudad inteligente se encuentre dotado de una perspectiva jurídica. Las normas de ordenación se convirtieron en un límite a la actividad privada, que tuvo como propósito la distribución de la ciudad de manera equitativa y no arbitraria, esto es, una forma de poder y control sobre los ciudadanos y su capacidad de desarrollo dentro del territorio.

La segunda Revolución Industrial tuvo ocurrencia a finales del siglo XIX y a principios del XX cuando apareció la electricidad. El aumento de nuevos riesgos y la iluminación de las calles volcó a las ciudades a exaltar la vida nocturna y alteró el ritmo de las relaciones sociales. La innovación mitiga algunos riesgos, pero aumenta otros, porque en muchas situaciones se desconocen los impactos futuros que pueden llegar a producirse sobre el ambiente y la vida de las personas, es así como, el principio prevención y precaución resultan útiles ante los cambios vertiginosos y acelerados de la tecnología.

La tercera Revolución Industrial se denominó la revolución digital en que se crearon los primeros computadores y sistemas de codificación de información a inicios de la década de 1960. La dinámica de la sociedad se vio alterada por el acelerado ritmo en que empezó a transferirse y comunicarse la información. Todos estos cambios impactaron la estructuración de las ciudades, porque la técnica de la planificación territorial se especializó y sofisticó de manera contundente a partir de la utilización de bases de datos asociadas con la dinámica de los territorios.

Por último, el concepto de cuarta revolución industrial ha sido utilizado en los últimos años por múltiples sectores económicos y académicos[18], que comprenden esta etapa como la convergencia de las tecnologías físicas, digitales y biológicas. En este escenario, la privacidad y la intimidad han cobrado importancia con mayor intensidad que en otra época de la historia, por la exposición constante de información sensible a través de plataformas digitales o sistemas tecnológicos. La protección de la privacidad y la intimidad como derecho debe valorarse o percibirse desde una lectura diferencial a las generaciones pasadas, por la facilidad en que se brindan los datos personales a través de los medios digitales[19].

Este breve análisis histórico demuestra que las ciudades se han transformado paulatinamente con el desarrollo de la ciencia y la innovación, razón por la cual, tomar decisiones racionales y técnicas sobre la realidad refleja un postulado de la modernidad, que se representa en la elaboración de las ciudades como proyectos o escenarios de experimentación que pretenden resolver problemáticas territoriales concretas.

---

18 Klaus Schwab. Op. cit. p.9. *"Soy muy consciente de que algunos académicos y profesionales consideran la evolución que estoy analizando simplemente parte de la tercera revolución industrial. Hay tres razones que, sin embargo, sostienen mi convicción de que una cuarta y distinta revolución está en marcha: Velocidad: Al contrario que las anteriores revoluciones industriales, esta está evolucionando a un ritmo exponencial, más que lineal. Este es el resultado del mundo polifacético y profundamente interconectado en que vivimos, y del hecho de que la nueva tecnología engendra, a su vez, tecnología más nueva y más poderosa. Amplitud y profundidad: Se basa en la revolución digital y combina múltiples tecnologías que están llevando a cambios de paradigma sin precedentes en la economía, los negocios, la sociedad y las personas. No solo está cambiando el «qué» y el «cómo» hacer las cosas, sino el «quiénes somos». Impacto de los sistemas: Se trata de la transformación de sistemas complejos entre (y dentro de) los países, las empresas, las industrias y la sociedad en su conjunto."*

19 Daniel Castaño Parra, El servicio público digital como piedra angular de las Smart Cities. Op. cit. p. 1178, *"Muy pocos hablan del régimen constitucional y legal que gobierna los servicios públicos digitales que deben ser prestados para garantizar el derecho fundamental a la comunicación y la manera en que dichos entornos urbanos inteligentes deben ser diseñados para proteger nuestra privacidad. Más sensores significa más datos, y más datos significa, eventualmente, menos privacidad y la posibilidad de que los gobiernos o las empresas privadas intervengan en nuestras decisiones personales"*.

La tecnología tiene un impacto sobre los modelos de producción, las relaciones sociales y laborales, e incluso, en la forma del entretenimiento y otros aspectos, la sociedad no es la misma y debe someterse a grandes cambios. El derecho no puede quedarse inmóvil ante una realidad inminente que hace un llamado urgente a ser regulado de forma flexible y adaptable a la realidad.

La cuarta revolución industrial plantea nuevos escenarios de desigualdad, porque no todas las personas tienen la capacidad económica para acceder a las tecnologías emergentes, ni tienen acceso a internet. Acceder a la información se convierte en un derecho y no en lujo, sin duda, a los ciudadanos se debe garantizarles su conexión con el mundo digital. La pobreza tiene diferentes dimensiones y una de ellas es la falta de acceso a la información y la capacidad de comunicación con el mundo exterior. La lucha contra la desigualdad tecnológica debe convertirse en el eje central de las políticas públicas en los países latinoamericanos.

A partir de ese breve recorrido histórico, se puede afirmar que las ciudades y las normas de ordenación no pueden estudiarse de manera aislada y descontextualizada de la realidad, porque estas se enriquecen de los cambios sociales que pretenden regular. No es aceptable que el derecho se excuse en la escasez de recursos económicos, los índices de pobreza y las brechas de desigualdad para no dar discusiones sobre la construcción de las ciudades inteligentes o un estadio del desarrollo urbano, que tiene una connotación distinta a las épocas anteriores. El estudio de cualquier modelo de ciudad exige un análisis crítico de su configuración y reconfiguración, para evitar que se sustente en fórmulas económicas y jurídicas que promuevan la inequidad y la invisibilidad de grupos históricamente marginados[20].

---

20 Samuel Baena Carillo, "Hacia un derecho administrativo y urbanístico critico: la regularizción de asentamientos informales, entre la inclusión y la asimilación, en *Ordenación del territorio, ciudad y derecho urbano: competencias, instrumentos de planificación y desafíos*, Universidad Externado de Colombia, Bogotá, 2020, p. 877. "*Tanto el derecho administrativo como el urbanismo deben estructurarse sobre la idea de que la ciudad y su transformación son derechos, y de que en su construcción las voces tradicionalmente silenciadas de los habitantes deben ser protagonistas, la configuración y reconfiguración del espacio urbano no debe partir de la desigualdad económica, ni contribuir a su perpetuación, o en otras*

La comprensión integral de la ciudad exalta la multidimensionalidad de ella como un faro central del desarrollo, porque todos los sectores y actividades económicas se encuentran interrelacionados entre sí. La sectorización monofuncional no es una característica de las ciudades modernas, sino que se propende por la multidimensionalidad de la ciudad. Esto significa que la planificación en términos integrales es el eje central de las ciudades contemporáneas porque todo debe interpretarse bajo una lógica sistémica e integral.

Tampoco resulta adecuado estudiar desde un enfoque netamente tecnológico, porque al interior se gestan diversas relaciones, que fuerzan a estudiarlas desde una percepción multidimensional con las demás actividades y sectores que se desarrollan en un territorio específico. El impacto que tiene la tecnología sobre las ciudades no es una discusión exclusiva de científicos y técnicos, pues las ciencias sociales y los ciudadanos tienen un rol trascendental en su construcción para mantener las sociedades librepensadoras y evitar la automatización del pensamiento.

1.2. Evolución del concepto de ciudad inteligente: del reduccionismo tecnológico a la visión holística y multidimensional del territorio

En líneas anteriores advertimos la influencia que tuvo la Revolución Industrial sobre el desarrollo de las ciudades y la creación de normas jurídicas que respondían a esa realidad, referente que no es lejano a nuestra realidad actual, pues la forma en que la tecnología y la innovación invaden todos los campos de la vida es más intensa y necesaria que en épocas anteriores. Existen múltiples imaginarios sobre el urbanismo que son idealizados de manera distinta y con implicaciones jurídicas disímiles.

Desde la década de 60 hasta la 80, la exaltación de la tecnología cambió la dinámica de la sociedad de una manera irreversible, porque el acceso a la información era necesario para el desarrollo de la

---

palabras el urbanismo y el derecho que lo disciplinan deben tener la capacidad de identificar y mitigar las dinámicas perversas del sistema neoliberal, aunque no busquen sustituirlo. La ciudad debe ser comprendida, en fin, como uno de los laboratorios en los que es posible proyectar sociedades más justas e igualitarias desde un punto de vista crítico".

vida. La instrumentalización de la ciudad se convirtió en una consigna de esa época, y algunos las llamaron ciber ciudades, ciudades inteligentes, ciudades digitales y ciudades virtuales[21].

En la década de los 90 apareció el término de ciudad inteligente para describir la introducción de componentes tecnológicos, el desarrollo de infraestructura en telecomunicaciones y el traslado de grupos empresariales especializados en tecnología[22] a las ciudades. Una concepción simplista de la ciudad inteligente suponía la introducción de tecnología en la ciudad. Los medios de comunicación paulatinamente incorporaron otras caracterizaciones relacionadas con la eficiencia, la sostenibilidad y otros aspectos como el medio ambiente que le daba cuerpo a un concepto incipiente y para algunos vacíos desde una perspectiva jurídica.

El discurso ambiental en el ámbito internacional y la preocupación de los Estados por controlar los impactos del cambio climático también modificó la visión del modelo urbano y replanteó debates jurídicos en diferentes países. De este escenario, surge un modelo de ciudad que es conocido como ciudad sostenible, que al igual que la Smart City es empleado por diferentes actores públicos y privados para justificar una nueva agenda política, económica y social[23].

Durante el año 2000 se intensificó el proceso de información, la capacidad de acceder desde cualquier parte del mundo a una reunión y la ubiquidad de las personas, sin necesidad de desplazarse desde su espacio físico. Estas concepciones modificaron la noción

---

21 Margarita Angelidou, Margarita. Smart cities: A conjuncture of four forces. *Cities*, 2015, vol. 47, p. 98.

22 Ola Söderström; Till Paasche & Francisco Klauser. Smart cities as corporate storytelling. *City*, 2014, vol. 18, no 3, p. 310 y 311.

23 Alberto Vanolo. Smartmentality: The smart city as disciplinary strategy. *Urban studies*, 2014, vol. 51, no 5, p. 886. "*In particular, production of the 'sustainable city' subject is culturally and politically linked to the tension between various forces such as: institutional reorganisation of territorial structures, governmental powers, and regulatory mechanisms with a view to reduce environmental impact; claims of environmental justice by social movements, citizens' associations and other grassroots social forces, as well as the revived 'environmental awareness' of citizens-consumers; and, appropriation of the environmental discourse by firms and economic actors willing to employ the rhetoric of sustainability to reframe or justify their activities.*"

de movimiento, espacio y tiempo, aspectos que en la actualidad han evolucionado de una forma exponencial, principalmente, por la necesidad que impuso la pandemia de comunicar ideas a través de medios digitales.

No hay un referente preciso o una fecha exacta sobre el nacimiento de este concepto, sin embargo, su utilización se hizo masiva y atractiva a partir de propuestas empresariales[24] y los medios de comunicación. Antecedente altamente criticado y visto con cautela por algunos autores, quienes consideran que las Smart Cities hacen parte del constructo ideológico[25] diseñado a la medida por intereses económicos y de mercado.

Esto supone la creación de un concepto desde una órbita privada y no gubernamental, que ha traído consigo una redefinición de conceptos en el desarrollo y la política urbana de las ciudades actuales. Su aplicación ha incidido en la conformación de proyectos, estrategias y programas de innovación, renovación y modernización de los territorios e infraestructuras de las ciudades. Así mismo, como modificación de las estructuras administrativas y sus funciones en el orden local, departamental y nacional.

Los avances tecnológicos han servido como los mejores conductores para comprender la forma en que se desarrollarán las ciudades del futuro, razón por la cual, algún sector de la doctrina especializada reconoce que las ciudades inteligentes son predominantemente una visión estratégica para el futuro, más que una realidad[26] palpable. Esto supone una idealización de la ciudad a partir de un mo-

---

24 Ola Söderström; Till Paasche & Francisco Klauser. Op. cit. p. 307 y 308. *"Drawing on critical planning theory, we conceptualize IBM's smarter city campaign as a specific form of storytelling in the world of planning (Mandelbaum 1991; Sandercock 2003; Throgmorton 1996, 2003; Van Hulst 2012) and show that it mobilizes and recycles two long-standing tropes: the city conceived as a system of systems, and a utopian discourse exposing urban pathologies and their cure".*

25 Ola Söderström; Till Paasche & Francisco Klauser. Op. cit. p. 309 *"It thus particularly relates to the critique of smart urbanism as an ideological construct focusing on the storytelling activity of the company as a means of securing and strengthening its market position."*

26 Margarita Angelidou. Smart cities: A conjuncture of four forces. *Cities*, 2015, vol. 47, p. 98.

delo diferente, que tiene en cuenta un componente tecnológico y las implicaciones que ello genera en la construcción de las políticas urbanas de la actualidad. Al respecto, ha manifestado que la ciudad inteligente es un:

> "concepto amorfo y conscientemente ambiguo que ha tenido mucho más recorrido discursivo que práctico, al menos en comparación con la cantidad de titulares, notas de prensa, informes y eventos que ha protagonizado. Esta falta de concreción práctica no impide, en cualquier caso, reconocer su influencia en la agenda de las políticas urbanas, que de una u otra forma han visto cómo se ha instalado en ellas una concepción particular del significado de la esfera digital en la ciudad y del modelo de innovación urbana[27]".

No existe un consenso sobre el significado de la ciudad inteligente, pero esto no es un obstáculo para analizar la influencia que tiene en la configuración de la política de desarrollo urbano de un territorio y, en particular, de la construcción normativa que pretende hacer viable este modelo en medio de un escenario de transformación y transición digital masivo que vive el mundo. Incluso se han desarrollado sus características y los elementos que lo componen, que para algunos son 6 factores que son una economía inteligente, una población inteligente, gobierno inteligente, movilidad inteligente, medio ambiente inteligente y vivienda inteligente desde una perspectiva europea[28], que ha sido empleada para clasificar a un grupo de ciudades.

La ambigüedad del concepto de ciudad inteligente y su relacionamiento con otros modelos de ciudad impiden tener una certeza clara sobre su definición e imposibilita la creación de fronteras diferenciales puras entre los diferentes modelos de ciudad.

La ciudad inteligente emplea un discurso ambiental y de sostenibilidad trascendente. Asimismo, la ciudad sostenible no se desliga de los procesos eficientes, la infraestructura tecnológica y el análisis de los datos para determinar la toma de decisiones en la ciudad. En

---

27 Manuel Fernández González. La Smart City como imaginario socio-tecnológico. *Cuadernos de investigación urbanística*, 2016, no 109, p.6.

28 Rudolf Giffinger; Nataša Pichler-Milanovič. *Smart cities: Ranking of European medium-sized cities.* Centre of Regional Science, Vienna University of Technology, 2007. P. 10. También ver, Patrizia Lombardi, et al. Modelling the smart city performance. *Innovation: The European Journal of Social Science Research,* 2012, vol. 25, no. 2, p.137-149.

consecuencia, el concepto de ciudad inteligente está inspirado en otros modelos de ciudad y tiene elementos característicos que también son usados por otros modelos[29].

Los modelos de ciudad tienen por objetivo responder o mitigar los problemas y necesidades de un territorio. Cuando una administración pública adopta un modelo o una visión de ciudad pretende tener un faro guía para la solución o mitigación de problemas que se presentan en su interior. Pero como lo advertimos en líneas anteriores, la ambigüedad del concepto de ciudad inteligente le da un alcance amplio compuesto por prácticas sostenibles, eficientes, efectivas, atractivas, equitativas y habitables[30].

Para algunos, las ciudades inteligentes son una combinación de sistemas de software, infraestructura de servicios, de red y clientes, que tiene por objetivo conectar la infraestructura y los servicios, a partir de los componentes de las ciudades, entre la administración pública, la educación, la seguridad pública, entre otros sectores[31]. Esto implica una visión de ciudad a partir de las necesidades, los servicios y la infraestructura necesaria para cubrir, pero a partir de sistemas que están interconectados y son eficientes. La eficiencia se convierte en un postulado esencial del concepto de ciudad inteligente.

---

29 Alberto Vanolo. Op. cit. p. 894 *"The smart city is an urban imaginary combining the concept of 'green cities' with technological futurism and giving a name to techno-centric visions of the city of tomorrow. At the same time, smart city is a framework for policies supporting technological and ecological urban transitions, a political technology that is currently spreading across Europe and fertilising national and local political agendas".*

30 Suha Alawadhi et al. Building understanding of smart city initiatives. En *International conference on electronic government.* Springer, Berlin, Heidelberg, 2012. p. 40-41 *"The concept of "smart city" is evolving as a new approach to mitigate and remedy current urban problems and make urban development more sustainable."*

31 Doug Washburn, et al. Helping CIOs understand "smart city" initiatives. *Growth,* 2009, vol. 17, no 2, p. 1. "What makes a "smart city" smart is the combined use of software systems, server infrastructure, network infrastructure, and client devices — which Forrester calls Smart Computing technologies — to better connect seven critical city infrastructure components and services: city administration, education, healthcare, public safety, real estate, transportation, and utilities".

Doctrinantes han cuestionado de manera vehemente la forma en que el concepto de ciudad inteligente aumenta la gobernanza tecnocrática, la influencia que las grandes corporaciones tecnológicas tienen sobre la definición de procesos al interior de las ciudades y la vulnerabilidad de los ciudadanos frente a la creación de instrumentos urbanos que esconden intereses corporativos[32]. También la forma en que se definen sus características sin tener una noción clara de la ciudad inteligente.

La construcción de una ciudad ideal o de una ciudad del futuro no resulta en un anhelo moderno o novedoso, sino que es el reflejo de un ciclo y un contexto histórico. Para un sector de la doctrina especializada la ciudad inteligente subsume una heterogeneidad de técnicas y esfuerzos dirigidos a gobernar a través de códigos[33]. Esta visión tiene un contenido tecnológico y científico predominante que está soportado en la introducción de algoritmos y sistemas que tienen como propósito la optimización de los procesos de la ciudad.

Dentro de ese enfoque, se percibe la tecnología como una solución para los múltiples problemas de la ciudad[34] y de la ordenación del territorio, es decir, se crea una relación de interdependencia entre la tecnología y la sociedad, con el propósito de optimizar su funcionalidad.

No obstante, ese criterio de eficiencia y optimización de las diferentes actividades y procesos de la ciudad no puede gestionarse exclusivamente a partir de criterios tecnológicos, porque la predicción de todos los problemas y soluciones en una ciudad no es posible y homogeniza la sociedad de manera inadvertida. La creatividad social y normativa no puede estar limitada y gobernada únicamente por la información decodificada de un sistema inteligente, que es

---

32 Rob Kitchin. The real-time city? Big data and smart urbanism. *GeoJournal*, 2014, vol. 79, no 1, p. 14 y 15. "The smart city agenda and associated technologies are being heavily promoted by a number of the world's largest software services and hardware companies who view city governance as a large, long-term potential market for their products."

33 Francisco Klauser; Till Paasche & Ola Söderström. Michel Foucault and the smart city: power dynamics inherent in contemporary governing through code. *Environment and Planning D: Society and Space*, 2014, vol. 32, no 5, p.870

34 Ola Söderström; Till Paasche & Francisco Klauser. Smart cities as corporate storytelling. *City*, 2014, vol. 18, no 3, p. 309 y 310.

construido bajo los lineamientos de su creador y los algoritmos que encuentra apropiados para definir una realidad y/u optimizarla.

El uso de sistemas de información integrados en la ciudad genera procesos de cálculo y recalculo que tienen en cuenta el pasado, el presente y el futuro, aspectos que inciden en la planificación del territorio, pero que no puede convertirse en la única fuente de conocimiento para regular una realidad tan compleja como la ciudad. Bajo este enfoque, la regulación no es estática, sino dinámica, porque el propósito no es construir una realidad perfecta, sino modelar día a día cada uno de los procesos urbanos a partir del almacenamiento y procesamiento de los datos obtenidos[35], para así alcanzar el esquema de ciudad más eficiente.

Los datos obtenidos y decodificados no sólo pretenden desenmascarar una realidad viviente, sino que permiten extraer los límites de normalidad generalmente aceptados por un grupo de personas en un territorio determinado. Esto implica la creación de límites o parámetros a través de la información obtenida. Desde una perspectiva jurídica esta información tiene un alcance trascendental porque la administración pública puede justificar sus decisiones a partir de la información decodificada para establecer límites de prohibición y permisión que definen la manera de crear las normas de ordenación del territorio.

El análisis de la información obtenida se convierte en un escenario sofisticado de control de la actividad urbana[36] y humana, porque tiene la potencialidad de definir la manera en que debe gobernarse la ciudad y de establecer los límites que la regulan. Es importante

---

35 Francisco Klauser; Till Paasche & Ola Söderström. Op. cit. p.879

36 Rob Kitchin. The real-time city? Big data and smart urbanism. *GeoJournal*, 2014, vol. 79, no 1, p. 5. *"The hype and hope of big data is a transformation in the knowledge and governance of cities through the creation of a data deluge that seeks to provide much more sophisticated, widerscale, finer-grained, real-time understanding and control of urbanity (...) In other words, big data consists of massive, dynamic, varied, detailed, inter-related, low cost datasets that can be connected and utilised in diverse ways, thus offering the possibility of studies shifting from: data-scarce to data-rich; static snapshots to dynamic unfoldings; coarse aggregation to high resolution; relatively simple hypotheses and models to more complex, sophisticated simulations and theories."*.

destacar que, existen diferentes fuentes para obtener esos datos, toda vez que, pueden tener carácter obligatorio, voluntario y automático.

En ocasiones los ciudadanos están obligados a suministrar información personal porque alguna disposición normativa establece que para desarrollar alguna actividad o para obtener una autorización se requiere. Asimismo, los datos pueden emanar de forma voluntaria de los ciudadanos cuando deciden entregarlos con su consentimiento o cuando los exponen públicamente en sus redes sociales. De igual forma, encontramos una fuente de generación de datos automática, que surge a partir del análisis de datos agrupados y que constantemente se moldea con el almacenamiento de más información.

A partir de esta información, las administraciones locales manejan el funcionamiento de la ciudad y la regulan. Existen múltiples ejemplos a nivel mundial en los que se hace control del tráfico[37], medición de factores ambientales[38], entre otros aspectos, que nos permiten evidenciar la manera en que la administración pública sustenta sus decisiones en información decodificada. También, se crean organismos de carácter administrativo para encargarse del manejo del análisis de datos, con el acompañamiento de corporaciones privadas que explican cómo funciona el sistema, su forma de monitorear y analizar los datos.

No obstante, una gobernanza tecnocrática de la ciudad trae consigo desafíos apremiantes para el derecho y para la construcción de políticas públicas, porque es proclive a escenarios de irresponsabilidad por parte de los gobernantes al manifestar que no es responsabilidad o decisiones de ellos, sino de los datos o información depurada por

---

[37] Como en el caso de Londres https://citydashboard.org/london/ en esta página se encuentran diferentes índices de medición en tiempo real. Cualquier persona puede acceder a la información e interpretarla a partir de su conocimiento.

[38] Rob Kitchin. Op. cit. p. 9 "Data relating to environmental conditions might be collated from a sensor network distributed throughout the city, for example measuring air pollution, water levels or seismic activity. Many local governments use management systems to log public engagement with their services and to monitor whether staff have dealt with any issues. In nearly all cases, these are isolated systems dealing with a single issue and are controlled by a single agency."

un sistema[39]. Esto supone una forma de dilución de la responsabilidad sustentada en los resultados de un algoritmo, porque sería trasladar la toma de decisiones a un sistema que define la dinámica de la ciudad y su organización. En términos institucionales y de legitimidad esto es problemático, porque las personas tienen derecho a decidir quién define sus peticiones y los asuntos que elevan ante la administración. Hoy en día es muy discutible el porcentaje de aceptación o legitimidad que tendría una decisión definitiva por parte de una administración a través de un sistema inteligente versus la decisión que adoptaría un servidor público a partir de su razonamiento cognitivo.

Resulta cuestionable la excesiva dependencia que se produce entre las corporaciones privadas de tecnología y las administraciones públicas, porque sus bases de datos y sistemas informáticos no son diseñados por los gobiernos locales, sino por empresas privadas. No se puede perder de vista el impacto que una modificación eficiente de un proceso de la ciudad pueda causar en los derechos de los ciudadanos, puesto que, la implementación de una medida eficiente puede generar una limitación o cambio de rutina de la vida de las personas, que podría traer consigo beneficios, quejas o incumplimientos de las normas en temas como la salud, seguridad o las políticas que se trazan en un sector determinado[40].

No se cuestiona la sinergia entre los sectores, pero sí es necesario crear mecanismos de independencia y autonomía en el diseño y manejo de los sistemas, para evitar un solapamiento de intereses generales y particulares, que puedan en ocasiones resultar en vulneración de los derechos individuales y colectivos.

Bajo este contexto surgen obligaciones para ambos sectores, pero es indispensable comprender los deberes, cargas y obligaciones en cabeza de las administraciones públicas durante el diseño, desarrollo e implementación de estos sistemas e instrumentos tecnológicos. Para tal propósito, traeremos a colación el Marco Ético para la Inteligencia Artificial de 2021 que adoptó Colombia con base en los principios de la OCDE, la Unesco e investigaciones de la Universidad

---

39 Rob Kitchin. Op. cit. p. 14.

40 Oliver Bates; Adrian, Friday. Beyond data in the smart city: repurposing existing campus IoT. *IEEE Pervasive Computing*, 2017, vol. 16, no 2, p. 59.

de Harvard[41]. Este documento es una guía no obligatoria para la implementación de la inteligencia artificial y trae un catálogo de recomendaciones y sugerencias a las entidades públicas en la formulación y gestión de proyectos que incluyan IA. Contempla nueve principios que estudian su aplicación desde la ética de los datos, los algoritmos y las prácticas. A lo largo de escrito se abordarán los principios más relevantes para extraer los deberes que tiene la administración pública en los diferentes niveles de organización y gobierno al momento de implementar la IA en diferentes dimensiones y subdimensiones de las ciudades, y más en el marco de un modelo de ciudad inteligente.

Se tomará la IA como un objeto de estudio principal por las situaciones límite que debe enfrentar la administración pública para proteger los derechos individuales y colectivos. Asimismo, porque se exaltan los valores y principios que son predicables de otros instrumentos y/o sistemas tecnológicos que plantean el reconocimiento de nuevos deberes para las administraciones y derechos para las personas que puedan resultar afectadas con la ejecución de este tipo de sistemas y/o instrumentos tecnológicos.

La sinergia de intereses de los sectores privados y públicos ha estado presente en diferentes contextos de la actividad de la administración pública, sin embargo, la forma en que el sector privado tiene la infraestructura y la capacidad científica para definir la regulación de una ciudad de forma imperceptible o sofisticada resulta problemática. El debate y la discusión pública hacen parte del contenido de las normas de ordenación del territorio. La participación ciudadana no puede relegarse a modelos homogéneos y hegemónicos de ciudad[42], ni tampoco reducir los escenarios de discusión a ideas

---

41 Armando Guio Español, et al. Marco ético para la Inteligencia Artificial en Colombia, 2021, p, 9.

42 Samuel Baena Carillo. Op. cit. p. 870. *"La llamada Critical Urban Theory, es decir, a ese movimiento surgido con posterioridad a 1968 que propone, sobre la sabe de la tradición intelectual inaugurada por la Escuela de Frankfurt, una mirada crítica y no meramente descriptiva de los procesos de desarrollo urbano en el marco de una economía neoliberal. La teoría urbana critica rechaza lo que podría denominarse urbanismos hegemónicos, caracterizado por un enfoque economicista y tecnocrático, y definido por imperativos marcadamente mercantilista y se declara*

preestablecidas por los sectores económicos privados[43]o por imposición obligatoria de la administración pública que no da apertura a la discusión.

Asegurar la participación oportuna y adecuada de las personas garantiza que las decisiones sobre la utilización de la IA y su puesta en funcionamiento pretendan librarla de sesgos o prejuicios sociales. La no discriminación garantiza que los sistemas de IA no puedan *"tener resultados o respuestas que atenten contra el bienestar de un grupo específico o que limiten los derechos de poblaciones históricamente marginadas. La funcionalidad de un sistema de inteligencia artificial no debe estar limitado a un grupo especifico por razón de sexo, raza, religión, discapacidad, edad u orientación sexual. Los sistemas deben adoptar un enfoque de neutralidad de género y se debe garantizar que el parámetro de género no sea utilizado como factor de discriminación*[44]*"*. Estos sistemas deben estar libres de prejuicios, por lo que la neutralidad en su contenido, procesamiento y utilización debe tener controles previos y posteriores que impidan la manipulación de la información con finalidades desviadas.

La participación de todos los grupos poblacionales en la construcción de estos sistemas sirve como un instrumento de control de la discriminación. Asimismo, la toma de muestras previas del conjunto de datos recopilados para detectar sesgos o prejuicios que no incidan en el resultado final del procesamiento de la información, por lo que es importante hacerlo de manera anticipada.

La inclusión de los diferentes grupos poblacionales dota de legitimidad a este tipo de instrumentos o sistemas tecnológicos, pues debe asegurarse que las personas entiendan la información a través de un lenguaje que traduzca la complejidad técnica de estos instrumentos y/o sistemas tecnológicos. Este objetivo solo es verdaderamente realizable si primero se garantiza el acceso al internet y a la tecnología, puesto que no es un privilegio, sino un medio que garantiza la satisfacción de otros derechos. Las limitaciones de acceso se convierten en un obstáculo para la materialización de derechos. Esto debe su-

---

más sensible respecto de cuestiones como la justicia social, la democracia y la sostenibilidad".

[43] Alberto Vanolo. Op, cit. p. 892 y 893.

[44] Armando Guio Español, p. 30.

perarse por medio de políticas públicas que impulsen la promoción de la tecnología en las zonas más alejadas del país, con el objetivo de que todas las personas puedan ejercer de forma efectiva sus derechos en un contexto digital que en términos reales sirve como una extensión de la personalidad de los seres humanos.

La intervención en el proceso de construcción de ciudad debe ser participativa e incluyente en términos de igualdad material, porque no resulta participativo que solo un grupo de expertos y profesionales examinen la forma en que se construye la ciudad inteligente[45]. Es necesario que se garanticen mínimos de acceso a internet y herramientas para tener la capacidad de participar en dichos procesos. Este proceso no puede estar desprovisto de control ciudadano solo porque está sustentado en una técnica innovadora y poco tradicional. Dichas limitaciones deben superarse a partir de incentivos, educación y la manera de informarles de participar.

La inclusión y la participación deben adecuarse al contexto de cada grupo de la población, porque en el caso de los niños, niñas y adolescentes el nivel de susceptibilidad por la implementación de sistemas de IA es mayor que otros grupos, por lo que es necesario diseñar mecanismos de aprendizaje que les permitan su comprensión en un lenguaje adecuado y claro a su desarrollo intelectual. El uso de la información en este escenario debe estar limitado por una finalidad social clara y transparente, que impida prácticas intimidatorias y discriminatorias[46]verticales u horizontales.

A partir de estas breves apreciaciones, resulta evidente afirmar que debe observarse de manera reflexiva la ciencia, los sistemas inteligentes y la técnica que definen los parámetros de desarrollo territorial. El análisis de la información es crucial y su forma de valorarlo también, porque una interpretación errada de los datos puede provocar procesos ineficientes e inadecuados para las ciudades, lo que repercute de manera concomitante sobre los derechos de las personas. La toma de decisiones no puede estar alejada de un aná-

---

45 Andrés Luque Ayala; Simon Marvin. Developing a critical understanding of smart urbanism? Urban Studies. 2015, vol. 52(12) p. 2112 y 2113.

46 Armando Guio Español, Op. cit. p. 32.

lisis humano de conveniencia y de necesidad de conformidad con el contexto de cada territorio.

Por su parte, la preocupación por una hipervigilancia de la conducta humana en la ciudad genera una tensión de derechos individuales y colectivos, que debe analizarse con sigilo. Al respecto, autores como Rob Kitchin han manifestado:

> "There is an inherent tension then in the creation of systems that seek to enable more effective modes of governance that also threaten to stifle rights to privacy, confidentiality and freedom of expression. As more and more aspects of urban life are captured as data in dynamic ways at finer resolutions, this tension is set to grow and it will be important to balance the benefits of data analytics with individual and societal rights in order to maintain democracy and trust in government, especially when so much of the data will be processed by corporate systems. Without regulated oversight and enforcement concerning abuses of data, then there is likely to significant resistance and push-back against real-time analytics by citizens[47]."

En concordancia, la utilización de sistemas de información especializados puede afectar a la garantía de derechos de los ciudadanos y la dinámica social urbana, entre ellos, el derecho a la privacidad, la intimidad, la confidencialidad y la libertad de expresión, así como el tejido social de un territorio. La creación de sistemas de vigilancia altera el comportamiento de los ciudadanos y la dinámica del relacionamiento social, debido a que sistemas artificiales y externos modifican la espontaneidad del comportamiento humano, pues al estar vigilados el desenvolvimiento puede verse limitado o coartado en cierta medida.

Incluso, el concepto de ciudad inteligente envuelve una noción de ciudadanos inteligentes, que trae consigo una forma de control social sutil en que deben moldear sus comportamientos a partir de una visión de ciudad establecida en la que interfieren sectores económicos privados[48] por medio de proyectos de ciudad.

---

[47] Rob Kitchin. The real-time city? Big data and smart urbanism. *GeoJournal*, 2014, vol. 79, no 1, p. 15 y 16.

[48] Alberto Vanolo. Smartmentality: The smart city as disciplinary strategy. *Urban studies*, 2014, vol. 51, no 5, p. 894. "*Smartness is becoming a field of social control that makes intrusion in a person's private life quite natural; as a result, we need to pay attention to the goals established in the framework and the label given to smart city projects.*"

También entra en discusión la manera de segmentar la información sin generar una discriminación de los ciudadanos o de hacer perfilamientos con objetivos diferentes. El uso de los datos debe tener unos mínimos de transparencia en la política pública de la administración y debe asegurarse de que sean destinados para los usos que son expuestos desde un inicio. Cualquier desbordamiento de esa finalidad sin ninguna autorización por parte del ciudadano o del ordenamiento jurídico supondría una arbitrariedad al vulnerar la transparencia y ocultar las intenciones verdaderas por las que obtiene la información la administración.

Sobre el principio de privacidad, es importante destacar que no puede servir como un factor de perfilamiento o segregación social. *"El diseño de los algoritmos debe ser respetuoso de la intimidad de las personas y por ende los criterios de decisión no deben basarse en características personales y propias de su esfera privada[49]"*. Por regla general deben evitarse las tecnologías que contribuyan al perfilamiento, y solo aquellos que el objetivo final lo requiere deben contar con el consentimiento previo e informado de la persona.

En todo caso los equipos de *"diseñadores y desarrolladores deben generar criterios para identificar aquellos casos en los que pueden presentarse perfilamientos, su impacto y la forma como pueden evitarse resultados negativos a partir de este proceso[50]"*. Esto sirve como una forma de protección individual y colectiva, que impide que en el futuro se puedan utilizar encasillamientos sociales no deseados o utilizados para fines desviados.

En relación con el principio de transparencia y explicación, debe garantizarse que los ciudadanos tengan la capacidad de comprender el sistema, pues todos pueden verse afectados por las decisiones y resultados[51]. Debe proporcionarse la información necesaria para en-

---

49 Armando Guio Español. Op. cit. p, 25.

50 Armando Guio Español. Op. cit. p. 26.

51 ONU, Recomendaciones sobre la ética de la inteligencia artificial, Francia, 2021. P. 22 *"La transparencia y la explicabilidad de los sistemas de IA suelen ser condiciones previas fundamentales para garantizar el respeto, la protección y la promoción de los derechos humanos, las libertades fundamentales y los principios éticos. La transparencia es necesaria para que los regímenes nacionales e internacionales pertinentes en materia de responsabilidad funcionen eficazmente. La falta*

tender el proceso de recopilación de los datos y su destinación final, por lo que aquellas aplicaciones de IA de alto riesgo requieren de una mayor transparencia y explicación, para que así mismo puedan ser objeto de mayor control por parte de las personas.

Debe exponerse el resultado obtenido y su respectiva justificación. No obstante, existen escenarios en los que "*incluso los desarrolladores de este tipo de tecnología (Black Box) y expertos en la materia no logran entender en su totalidad el procesamiento que tiene lugar y la forma como los sistemas llegan a ciertos resultados*[52]". En este contexto la transparencia y explicación se garantiza informando de manera previa la alta probabilidad de que algunos resultados no tengan una justificación clara, aspecto que puede generar incertidumbre y una pérdida de control por parte de la administración y la ciudadanía para tomar decisiones. Podría afirmarse que debe privilegiarse el uso de sistemas que tengan una trazabilidad clara de sus resultados y no que existan vacíos que potencialmente pueden vulnerar derechos o llevar a decisiones sustentadas en la arbitrariedad o el error.

Por otra parte, las personas que participan en la estructuración de los sistemas deben tener un manual de buenas prácticas y los roles que cada uno asume deben ser públicos. Esto garantiza que al ser de información pública pueda ser controlado. En la misma medida los ciudadanos tienen derecho a saber con quién están resolviendo

---

de transparencia también podría mermar la posibilidad de impugnar eficazmente las decisiones basadas en resultados producidos por los sistemas de IA y, por lo tanto, podría vulnerar el derecho a un juicio imparcial y a un recurso efectivo, y limita los ámbitos en los que estos sistemas pueden utilizarse legalmente, // Las personas deberían estar plenamente informadas cuando una decisión se basa en algoritmos de IA o se toma a partir de ellos, en particular cuando afecta a su seguridad o a sus derechos humanos; en esas circunstancias, deberían tener la oportunidad de solicitar explicaciones e información al actor de la IA o a las instituciones del sector público correspondientes. Además, las personas deberían poder conocer los motivos por los que se ha tomado una decisión que afecta a sus derechos y libertades y tener la posibilidad de presentar alegaciones a un miembro del personal de la empresa del sector privado o de la institución del sector público habilitado para revisar y enmendar la decisión. Los actores de la IA deberían informar a los usuarios cuando un producto o servicio se proporcione directamente o con la ayuda de sistemas de IA de manera adecuada y oportuna".

52 Armando Guio Español, op. cit. p. 24

sus solicitudes y a decidir que un ser humano sea el que trate su situación. Esto garantiza legitimidad en las decisiones que puedan tomarse, porque el consentimiento del ciudadano se atiende a los impactos positivos o negativos que puedan derivarse de su elección.

La redefinición de la ciudad y de los proyectos que se implementarán en su interior repercuten en las dinámicas de poder[53], razón por la cual, la dependencia excesiva de las administraciones locales a las corporaciones tecnológicas privadas debe tratarse de forma cautelosa. Su relación es necesaria, pero debe balancearse a partir del interés general y de la protección de los derechos de los ciudadanos, para evitar escenarios de control que terminen en la transgresión de derechos de manera solapada.

A partir de los diferentes enfoques que analizamos, es posible afirmar que la ciudad inteligente es un modelo de ciudad utilizado por los Estados para construir la hoja de ruta de las ciudades del futuro, que pretende generar proyectos de innovación, emplear políticas urbanas modernas y decodificar la información que genera la ciudad a través de instrumentos tecnológicos, con el objetivo regular una realidad compleja. Este concepto debe interpretarse desde una perspectiva multidimensional, porque no se puede entender a través de un componente exclusivamente tecnológico, sino que debe desarrollarse de manera articulada e integrada con las diferentes dimensiones que conforman la ciudad.

1.3. La incorporación del concepto de ciudad inteligente en el ordenamiento jurídico colombiano: entre la dispersión normativa y los anhelos de un marco normativo unificado

En Colombia, el concepto de territorio o ciudad inteligente se incorporó como un pilar de la política pública de modernización e innovación del Estado. Se gestó de manera incipiente en la política pública de Gobierno en Línea y posteriormente se consolidó en la política de Gobierno Digital. Ambas políticas son diseñadas desde el orden nacional para implementarse en el orden territorial. Estas políticas públicas se construyeron como una apuesta de modernización

---

[53] Andrés Luque Ayala; Simon Marvin. Op. cit. p. 2110

del sector público y su relacionamiento con los ciudadanos a través del uso de las TIC.

El concepto de Gobierno en Línea produjo un profundo cambio en los procesos de la administración e impulsó de manera avasalladora el principio de eficiencia de la administración pública, porque se agilizaron procesos burocráticos que antes exigían complejas autorizaciones y se redujeron de manera parcial algunas cargas en cabeza de los ciudadanos[54]. Lo anterior, porque no todas las personas tienen la habilidad, ni el acceso al uso de las TIC en un contexto como el latinoamericano. En ocasiones, esta barrera tecnológica no se convierte en un método eficiente de acercamiento entre la administración y los ciudadanos, sino de una limitante que profundiza la afectación de derechos fundamentales.

Un escenario de transición exige la infraestructura tecnológica adecuada y una adaptación hibrida de los procesos administrativos, en que el ciudadano tiene la capacidad de elegir si prefiere desarrollar un trámite presencial o virtual. El derecho a decidir la forma de comunicación es vital para garantizar que las barreras tecnológicas no se conviertan en un instrumento de vulneración de derechos fundamentales. No obstante, debe aclararse que en escenarios excepcionales esta libertad de decisión puede limitarse como ocurrió en el caso del Covid 19 que impuso de manera obligatoria.

El uso de la información en línea, la interacción de los ciudadanos por medios electrónicos, las transacciones online de servicios gubernamentales, la creación de ventanillas únicas para la recepción de trámites y la participación de los ciudadanos en línea trajo consigo una redefinición de los alcances que tenía la administración en los diferentes sectores de la economía para ejercer sus funciones administrativas. La capacidad de la administración pública para comprender que el ejercicio de sus funciones era más expedito y ágil a partir del uso de las TIC. Esto incide de forma directa sobre los derechos fundamentales y la gestión de las solicitudes ciudadanas,

---

54 OCDE. Evaluación de impacto del Gobierno Digital en Colombia. Hacia una nueva metodología. Editions OCDE, Paris, 2017, p. 18.

principalmente, porque la administración tiene acceso más rápido a conocer las necesidades de los ciudadanos[55].

El Gobierno en Línea evolucionó al concepto de Gobierno Digital como una respuesta a los procesos acelerados de innovación tecnológica y a la revolución de la información, toda vez que el volumen de datos se convirtió en el eje central para la adopción de las funciones administrativas y en particular para modernizar el sector público y crear valor público. Los datos abiertos, la gestión de la seguridad y privacidad de la información para la prestación de servicios han sido indispensables para crear servicios ciudadanos digitales que permitan la construcción de archivos en materia de registros civil, histórica clínica, entre otros.

Al respecto, el acceso y disponibilidad de los datos abiertos son presupuestos esenciales para el ejercicio de las funciones administrativas. Sin embargo, la reutilización de datos es un campo de estudio que debe analizarse con sigilo y cautela, para evitar sesgos en el manejo de la información, toma de decisiones que carecen de transparencia y el perfilamiento de los ciudadanos con finalidades discriminatorias.

En la actualidad este enfoque se maneja en el ordenamiento jurídico colombiano, sin embargo, al igual que el gobierno en línea, los desarrollos tecnológicos exigen una respuesta rápida y activa por parte de las administraciones, porque la inteligencia artificial está generando nuevas discusiones jurídicas y éticas que cuestionan la lectura tradicional de los principios de la función administrativa.

Más allá de las interesantes discusiones y la carga ideológica de cada visión de gobierno, tanto en la política de Gobierno en Línea como en la política de Gobierno Digital se hizo referencia a la ciudad inteligente como un escenario de modernización de los entes territoriales, que propenden por el mejoramiento de los procesos, actividades y prestación de servicios de ciudades para garantizarle una mejor calidad de vida a los ciudadanos. Se concibió como un instrumento para combatir la urbanización desordenada y la densidad poblacional, por lo que ha sido entendido como un modelo

---

55 OCDE. Evaluación de impacto del Gobierno Digital en Colombia. Hacia una nueva metodología. Editions OCDE, Paris, 2017, p. 19.

de solución de problemas, que se asemeja a realidades comunes de otros países latinoamericanos.

A partir de esta perspectiva, en líneas posteriores se mencionarán las disposiciones jurídicas que guardan una estrecha relación con la ciudad inteligente en nuestros días, para resaltar algunos aspectos de ella e identificar la intención del ordenamiento jurídico con base en las competencias que tienen las entidades territoriales sobre la implementación de este modelo de ciudad.

La Ley 1341 de 2009 de las TIC contempló como principio orientador la masificación del Gobierno en Línea con la intención de prestarle servicios eficientes a los ciudadanos en el numeral 8 del artículo 2. Por su parte, en el artículo 5, destaca el papel relevante del orden territorial en la incorporación de las TIC que beneficie a los ciudadanos, con especial énfasis en las zonas vulnerables y marginadas. También se hace alusión al acceso a la información en línea de manera abierta e ininterrumpida y actualizada.

La Ley 1450 de 2011 que promulgó el Plan Nacional de Desarrollo 2010-2014 previó en sus artículos 230 y 232 que como estrategia de buen gobierno mantendría la política de gobierno en línea[56], con el propósito de que en todos los niveles de gobierno y administración se racionalizaran los procedimientos, tramites y servicios a partir del uso de las tecnologías de la información y las comunicaciones de manera oportuna, eficiente y eficaz. Esto pretendía evitar la proliferación de trámites innecesarios y garantizar la eliminación de la duplicidad de actividades que convertían más engorroso el acercamiento de los ciudadanos con la administración.

La Ley 1437 de 2011 estableció en su artículo 64 que el Gobierno Nacional se encargaría de determinar los estándares y protocolos

---

56 Desde el Conpes 3650 de 2010 se aprecia la importancia de la estrategia de gobierno en línea para Colombia como un elemento para facilitarle la vida al ciudadano y se erige como un componente principal la interoperabilidad de la información, esto es, la interacción de solución y sistemas de información al interior de la administración. Asimismo, se destaca como uno de los propósitos la fase de democracia en línea como un objetivo principal para que los ciudadanos participen en las decisiones que los afectan, puede ayudar en la construcción y seguimiento de políticas, planes, programas y temas legislativos.

que las autoridades debían cumplir para incorporar de forma gradual la aplicación de medios electrónicos en los procedimientos administrativos. Esta disposición tiene importancia dentro del relacionamiento que existe entre el ciudadano y la administración, porque la forma en que se creen esos estándares determina la manera en que se potencializan derechos o restringen su realización.

Los procedimientos administrativos sirven como una garantía ciudadana de las personas, por lo que cualquier aspecto que impacte en su gestión y trámite indice de forma directa sobre el ciudadano. Esta disposición no puede comprenderse de manera aislada, sino que tiene un protagonismo inigualable y que debe crearse de la manera más eficiente, sin comprometer los derechos fundamentales de los ciudadanos que deciden activar el procedimiento administrativo a través de medios digitales.

El uso masivo de los medios digitales y la acelerada utilización de la inteligencia artificial generativa comportan el surgimiento de nuevas formas de control de las funciones administrativas. Actualmente, la expedición de normas jurídicas de carácter general requiere de mayor publicidad y visibilidad, a tal punto que se impone el uso obligatorio de los sitios web como medio de divulgación de los proyectos de normas de contenido general para someterlo a escrutinio público para mejorar y solicitar una justificación por parte de diferentes sectores. Esto exalta el principio de transparencia de la función administrativa y el carácter participativo que tiene la ciudadanía para intervenir en los procesos de construcción normativa.

La Ley 1551 de 2012 de modernización de la organización y funcionamiento de los municipios, en su artículo 6, modificó el artículo 3 de la Ley 136 de 1994 e incorporó el numeral 15 que contempla como función del municipio la incorporación del "*uso de nuevas tecnologías, energías renovables, reciclaje y producción limpia en los planes de desarrollo*". Esto implica un mandato de modernización del funcionamiento de las administraciones públicas locales a través del uso de las nuevas tecnologías. Su consagración en una norma de rango legal les impone a las autoridades el deber de ajustar el ejercicio de sus funciones a través de procesos modernos y eficientes.

El Decreto 2693 de 2012 desarrolló el artículo 232 de la Ley 1450 de 2011, que estableció los fundamentos de la política de gobierno en línea a partir de cinco elementos, entre ellos, la construcción colectiva de la toma de decisiones, la innovación en la prestación de trámites y servicios, la confianza y la seguridad y, por último, la neutralidad tecnológica. No obstante, la definición de la neutralidad tecnológica[57] contemplada para este principio no hace alusión a las obligaciones y cargas que tienen la administración y los ciudadanos al momento de aplicarlo.

En ese articulado se le otorgó relevancia a la automatización de los trámites y servicios de conformidad con sus características y se impulsó la implementación de soluciones de autenticación, firma, notificación y actos administrativos electrónicos. En igual medida, se estableció la interoperabilidad, las cadenas de trámites y las ventanillas únicas virtuales como mecanismos para acceder a la información e intercambio para el ejercicio de las funciones públicas.

Se vincula la tecnología y el medio ambiente con el objetivo de mitigar el impacto climático y adoptar medidas preventivas que incorporen la progresividad en las nuevas soluciones. También, la política de datos y el gobierno abierto a acceder a la información pública e incentivar el uso de los datos por parte de entidades, ciudadanos y empresas, con previsión de las normas de reserva de información.

La política de gobierno en línea estableció niveles de madurez para determinar el estado de las entidades en relación con su desarrollo tecnológico y la prestación de servicios y trámites en línea. Adicionalmente, estableció una meta de cumplimiento diferencial según el orden territorial.

El Decreto 2573 de 2014 derogó el Decreto 2693 de 2012 y resaltó la importancia de definir lineamientos, instrumentos y plazos para la ejecución de la política de gobierno en línea. Como fundamentos de la estrategia, reiteró la mayoría de los principios de la norma derogada, pero adicionó la excelencia en el servicio ciudadano, la

---

[57] Decreto 2693 de 2012. Artículo 3. Principios y fundamentos de la Estrategia de Gobierno en Línea (...) Neutralidad tecnológica: El Estado garantiza la libre adopción de tecnologías, teniendo en cuenta recomendaciones, conceptos y normativas de los organismos internacionales competentes e idóneos en la materia, que permitan fomentar la eficiente prestación de servicios, emplear contenidos y aplicaciones que usen Tecnologías de la Información y las Comunicaciones y garantizar la libre y leal competencia, y que su adopción sea armónica con el desarrollo ambiental sostenible.

apertura y reutilización de datos públicos y la estandarización del modelo de gestión. De hecho, incorporó el sello de excelencia de gobierno en línea como una marca de medición del cumplimiento de la política de gobierno, teniendo en consideración los plazos establecidos y su categoría como entidad territorial. Este cuerpo normativo se compiló a partir del artículo 2.2.9.1.1.1 del Decreto 1078 de 2015.

El Plan Nacional de Desarrollo de 2014-2018 promulgado por medio de la Ley 1753 de 2015 estableció en su artículo 45 que el MinTic en coordinación con las entidades definiría y expediría los estándares, modelos, lineamientos y normas para la incorporación de las TIC en el relacionamiento de los ciudadanos y el Estado al momento de prestar un servicio o gestionar un trámite.

En virtud del Plan Nacional de Desarrollo se profirió el Decreto 1008 de 2018 que transformó la política de gobierno en línea a la política de gobierno digital. En este cuerpo normativo, se reitera que la disposición está pensada para impactar principalmente la función administrativa ejercida por la rama ejecutiva del poder público y los particulares que ejercen funciones administrativas.

Como fundamento de la política estableció la innovación como la generación de valor público a partir del uso de las soluciones novedosas de las TIC para resolver problemas o identificar necesidades, la competitividad, proactividad y seguridad de la información para generar confianza en el entorno digital.

La estructura de la política de gobierno digital está conformada por componentes y habilitadores transversales, acompañada de lineamientos y estándares que servirán para generar un entorno de confianza digital. Dentro de los componentes, el aprovechamiento de datos, la participación ciudadana y el diseño conjunto de servicios se exponen como un elemento crucial. Por su parte, como ejes habilitadores se destacan la seguridad de la información, arquitectura y servicios ciudadanos digitales. Los lineamientos y los estándares se entienden como requerimientos mínimos que los sujetos obligados deben cumplir para ejecutar la política de gobierno digital.

Como propósitos de la política se destacan la toma de decisiones a través de datos, el empoderamiento de los ciudadanos a través de un Estado Abierto y en el artículo 2.2.9.1.2.1 del Decreto 1008 de 2018 "*4.5 impulsar el desarrollo de territorios y ciudades inteligentes para la solución de retos y problemáticas sociales a través del aprovechamiento de las TIC*". El concepto de ciudad inteligente se convierte en un instrumento de resolución de problemas, por lo que no es un fin, sino un medio que es moldeado y adaptado a las características propias de cada entidad territorial con múltiples objetivos. Esto se construye a partir de la relación de ciudadanos, Estado y tecnología, con la participación latente de sectores privados y la academia.

El Plan Nacional de Desarrollo 2018-2022 promulgado por la Ley 1995 de 2019 en su artículo 147[58] hace referencia a la transformación digital pública que será guiada por el MinTic, quien definirá los estándares para ello y en uso de las tecnologías emergentes, que se relacionan con la Cuarta Revolución Industrial.

Contempla que "*las entidades territoriales podrán definir estrategias de ciudades y territorios inteligentes, para lo cual deberán incorporar los lineamientos técnicos en el componente de transformación digital que elabore el Ministerio de Tecnologías de la Información y las Comunicaciones*". Este fragmento normativo confirma que el concepto de ciudad inteligente es un instrumento y se percibe como una estrategia para la solución de problemáticas territoriales desde diferentes perspectivas sectoriales.

Se hace referencia a que este tipo de proyectos estratégicos de transformación digital estarán orientados por 13 principios, de los cuales se destacan los siguientes: la infraestructura de datos públicos abierto, la gestión de riesgo de seguridad digital y la garantía de la protección de datos personales, la interoperabilidad de información, la priorización de tecnologías emergentes (distributed ledger tecnology, análisis masivo de datos – big data-, inteligencia artificial -AI-, internet de las cosas -IoT- robótica y similares), eliminación y digitalización de trámites, la participación ciudadana y gobierno abierto e implementación de estrategias público privadas.

Por su parte, el artículo 148, entre las acciones prioritarias, contempló *"la adopción del modelo de territorios y ciudades inteligentes*", la publicación y aprovechamiento de datos públicos y el fomento de la participación y la democracia por medios digitales.

En desarrollo de las disposiciones anteriores, se profirió la Resolución 1117 de 5 de abril de 2022, mediante la cual se establecieron los lineamientos de transformación digital para las estrategias de

---

[58] Artículo 147 de la Ley 1995 de 2019.

ciudades y territorios inteligentes de las entidades territoriales y se dispone la adopción del Modelo de Madurez para Ciudades y Territorios Inteligentes, que le permitió identificar el avance de este tipo de estrategias. Este acto administrativo cuenta con 3 anexos que contienen el modelo de medición, la utilización de los acuerdos marco de precios y la financiación.

Esta normativa no le adiciona el calificativo de entidades territoriales inteligentes, ni tampoco hace alusión a ciudadanos inteligentes como en ocasiones algunos sectores han tratado de impulsar. Esto genera una reflexión relevante, porque al final las entidades territoriales pueden adoptar la visión de ciudad que deseen, pero los componentes básicos de su autonomía y denominación constitucional se mantienen, con independencia de los proyectos de innovación territorial que pretendan desarrollar y el nombre que se le otorgue.

El modelo de medición no tiene por objetivo diseñar, ni imponer un modelo de ciudad inteligente, sino que por el contrario le da autonomía a las entidades territoriales para que definan las estrategias que requiere cada territorio, según sus necesidades y problemas, a partir del análisis de las dimensiones y ejes habilitadores. No se establecen plazos de corto, mediano o largo plazo para entenderse como una ciudad inteligente. Esto tiene un tratamiento normativo porque las normas de ordenación territorial no tienen como finalidad convertir las entidades territoriales en ciudades inteligentes, aspecto que corrobora la instrumentalidad del concepto de ciudad inteligente para garantizar la calidad de vida de las personas y combatir el desarrollo urbano desordenado.

La resolución contempla 13 principios de los cuales se destacan: la confianza digital, la colaboración, la eficiencia, la innovación territorial enfocada en las necesidades de las personas y con la intención de resolver problemas sociales, económicos y ambientales, interoperabilidad, neutralidad tecnológica, la planeación integral, primacía de la persona, sectorización y la sostenibilidad.

Estos principios adoptaron conceptos de disposiciones anteriores, pero con una diferencia marcada en torno a los ciudadanos al momento de construir este tipo de estrategias de manera integral. Esto implica que la construcción de este tipo de ciudades se hace a partir de una visión holística y confirma una lectura integral de las dimensiones del territorio. La implementación del modelo de medición permite identificar los problemas de un espacio y sirve como línea base para la toma de decisiones. Esto refleja el apartamiento expreso de la visión reduccionista o simplista de la ciudad inteligente que equipara su concepto con la incorporación de la tecnología en la ciudad.

El artículo 3.10 establece la *"planeación integral: las estrategias de Ciudades y Territorios Inteligentes deberán ser diseñadas y articuladas de manera integral con las necesidades y oportunidades identificadas por los Entes Territoriales, y teniendo en cuenta sus dimensiones funcionales, entre otras, la calidad de vida, el hábitat, el desarrollo económico, el desarrollo personal de los habitantes, medio ambiente y la gobernanza"*. En consecuencia, la planeación está dirigida a atender las problemáticas y deficiencias que se generan en todas las dimensiones del territorio.

La interoperabilidad se convierte en un eje central para el intercambio de información al interior de las administraciones, los ciudadanos y sectores privados. Este principio evita la centralización de la información y su dominio exclusivo por parte de un único centro generador de la información. Se robustece la capacidad de gestión de las administraciones públicas y asegura decisiones más informadas, pues se tiene en cuenta un panorama más amplio de la situación problemática que se pretende resolver[59].

La información como eje central de la construcción de las ciudades no resulta novedosa, pero sí su forma de recolección y control, pues debe crearse en torno a esas nuevas formas de generación, utilización y reutilización de datos. En particular, la información personal que se extrae de los ciudadanos para la ejecución de las funciones administrativas debe estar cubierta con las reservas y protecciones legales necesarias de la privacidad. En igual medida, aquella información que no tenga reservas deberá tener el carácter de abierta para que exista una construcción colectiva de conocimiento que permita el desarrollo de una democracia participativa.

---

[59] Anexo 1 de la Resolución 1117 de 2022, p. 7. *"Interoperabilidad: capacidad de las organizaciones para intercambiar información y conocimiento en el marco de sus procesos de negocio para interactuar hacia objetivos mutuamente beneficiosos, con el propósito de facilitar la entrega de servicios digitales a ciudadanos, empresas y a otras entidades, mediante el intercambio de datos entre sus sistemas TIC."*

Los datos abiertos[60] tienen un valor excepcional para las administraciones públicas, principalmente, porque permite el cuestionamiento y escrutinio de la ciudadanía de manera más ágil, efectiva y transparente. Asimismo, impulsa decisiones informadas y concertadas. Sin embargo, para lograr esos niveles de participación, debe garantizarse primero la cobertura y el acceso a internet como un servicio público esencial en todo el territorio.

Para cumplir con este propósito, las entidades territoriales deben adoptar e implementar el modelo de madurez para ciudades y territorios inteligentes del MinTic que se encuentra en el anexo del acto administrativo a partir del 1 de abril de 2023. Estos criterios tendrán la capacidad de actualizarse constantemente. No obstante, las entidades de orden nacional no se encuentran obligadas a seguir estos lineamientos, debido a que el legislador dispuso la creación de las estrategias de ciudad inteligente en cabeza de las entidades territoriales.

Lo anterior no impide que surjan cuestionamientos en término de coherencia y armonía en todos los niveles de gobierno y administración, sin embargo, su competencia se limita a trazar el modelo de medición y que sean las mismas entidades territoriales las que doten de contenido las estrategias. Esto sirve para aclarar que las entidades territoriales tampoco serán competentes para adecuar los modelos de medición, pues solo les corresponde adoptarlo e implementarlo.

El anexo 1 que desarrolla el modelo de medición entiende que "*una ciudad o territorio es inteligente en la medida que orienta sus acciones hacia la sostenibilidad y la inclusión, se conecta y se adapta a los retos y expectativas de las personas que lo habitan para garantizar el bienestar común, generar un entorno de colaboración, innovación y comunicación permanente con todos los actores e instituciones que lo componen, y donde las tecnologías sirven como herramientas de transformación social, económica y ambiental*". Es la primera definición que tiene carácter vinculante, por lo que

---

60 Artículo 6, literal j), "*Datos Abiertos. Son todos aquellos datos primarios o sin procesar, que se encuentran en formatos estándar e interoperables que facilitan su acceso y reutilización, los cuales están bajo la custodia de las entidades públicas o privadas que cumplen con funciones públicas y que son puestos a disposición de cualquier ciudadano, de forma libre y sin restricciones, con el fin de que terceros puedan reutilizarlos y crear servicios derivados de los mismos*".

tiene un enfoque integral y se aleja por completo de una visión reduccionista que la iguala con la ciudad digital o tecnológica.

La aplicación del modelo de medición tendrá un enfoque diferencial, porque cada territorio considerará sus condiciones particulares para tomar estrategias de largo, mediano o corto plazo. No pretende forzar una aplicación univoca de ciudad inteligente, sino medir su capacidad de adaptación según las condiciones de cada territorio[61]. Por esta razón, tendrá en consideración 6 dimensiones de la ciudad, que se agrupan en áreas funcionales, entre ellas, las personas, la gobernanza, la calidad de vida, el desarrollo económico, el medio ambiente y el hábitat. Al interior de cada una de ella se encuentran diferentes subdimensiones.

Por otra parte, se encuentran los ejes habilitadores que son el "*conjunto de capacidades que deben ser desarrolladas como marco para la implementación de estrategias y soluciones eficientes y sostenibles en el tiempo*". En total son 5 ejes habilitadores que se denominan institucionalidad e innovación, infraestructura digital e interoperabilidad, liderazgo y capital humano, tecnología y estándares, y, por último, analítica y gestión de datos.

Las entidades territoriales tienen la facultad de decidir si desean implementar o no estrategias de ciudades o territorios inteligentes, aspecto que se encuentra asociado con la autonomía territorial. Esto resulta conveniente porque no todos los territorios tienen la misma capacidad económica e institucional para su implementación. De hecho, la estrategia de ciudad inteligente es definida por la entidad territorial, quien puede involucrar en desarrollo del principio de colaboración la participación de la academia, los gremios empresariales y la ciudadanía.

El modelo de madurez sirve como herramienta de autodiagnóstico para la toma de decisiones futuras, por lo que, sus resultados determinarán la viabilidad y expondrán las falencias internas de las

---

[61] Mintic, 2021. Memoria Justificativa de la Resolución 1117 de 5 de abril de 2022. Por la cual se establecen los lineamientos de transformación digital para las estrategias de ciudades y territorios inteligentes de las entidades territoriales, en el marco de la Política de Gobierno Digital", p. 1. Tomado de https://mintic.gov.co/portal/715/articles-208739_memoria_justificativa.docx

administraciones locales y departamentales. Asimismo, servirá como sustento para la definición de la estrategia de ciudad inteligente y la posible cofinanciación que puedan llegar a recibir las entidades territoriales. Incluso, se tiene en cuenta el desarrollo de proyectos intermunicipales e interdepartamentales.

El modelo de medición está conformado por tres indicadores que hacen referencia a los resultados, las capacidades y la percepción. Esto implica una valoración objetiva y subjetiva, porque dentro de las variables de medición tiene en cuenta la opinión de los ciudadanos frente a cada uno de los indicadores estudiados. Podría afirmarse que el esquema es mixto, a diferencia de lo que ocurre en otro tipo de modelos de medición que se sustenta exclusivamente en la percepción[62] y en otros se tienen en cuenta únicamente aspectos cuantitativos[63].

La importancia de que los lineamientos de las ciudades inteligentes no sean rígidos, sino maleables es una característica de las normas actuales, porque la dinámica en que el mundo cambia es tan rápida que no se pueden generar respuestas univocas o absolutas para un problema. Esto adquiere mayor sentido cuando se trata de normas que están relacionadas con la adopción de nuevas tecnologías o procedimientos para la recopilación de información con el objetivo de solucionar problemas sociales que aquejan a un territorio específico.

Un aspecto muy importante para la puesta en funcionamiento del modelo de medición reside en los recursos económicos que se invierten en su implementación. Es así como los entes territoriales podrán solicitar la cofinanciación del Fondo único de Tecnologías de la Información y las Comunicaciones – FUTIC[64] a través de un convenio o contrato administrativos bajo los términos del artículo

---

62 Smart City Index

63 Smart Cities 4.0

64 Artículo 34 de la Ley 1341 de 2009, modificado por el artículo 21 de Ley 1978 de 2019. El Fondo Único de Tecnologías de la Información y las Comunicaciones tiene por objeto "(...)financiar los planes, programas y proyectos para facilitar prioritariamente el acceso universal y el servicio universal de todos los habitantes del territorio nacional a las Tecnologías de la Información y las Comunicaciones (...)". Esto encuentra relación con el artículo 35 de la Ley 1341 de 2009 y el artículo 193 de la Ley 1753 de 2015.

2.2.1.2.1.4.4 del Decreto 1082 de 2015 y siempre que haya sido seleccionada dicha estrategia por el fondo. En esta relación solo participa el MinTic y la entidad territorial, por lo que, en esta ecuación no participan quienes operan o ejecutan la estrategia. En este convenio debe definirse la forma en que se gestiona la compra de bienes y servicios, sin embargo, el orden nacional no puede inmiscuirse en la determinación del bien o servicio requerido para la ejecución de la estrategia de ciudad inteligente. Al interior de este instrumento jurídico se determinará quien tiene la supervisión y el control.

Por otra parte, la seguridad digital se convierte en una consigna trasversal de este modelo de medición, porque la intimidad, privacidad, habeas data y otros derechos se encuentran estrechamente involucrados. Por esta razón, todos los sujetos que conforman el ecosistema de datos deben garantizar medidas de anonimización, encriptación y evaluación de riesgos de la privacidad.

El establecimiento de los lineamientos anteriores tiene en cuenta la situación actual del país en que el despliegue de infraestructura de comunicaciones no es suficiente para la implementación de esas estrategias, razón por la cual, debe constatar las barreras de despliegue de infraestructura de telecomunicaciones en los términos del artículo 193 de la Ley 1793 de 2015 y la Circular 126 de 2019. En la actualidad, las TIC sirven como instrumento para el goce efectivo de derechos fundamentales, pues la existencia de barreras genera un impacto directo sobre el ejercicio de los derechos fundamentales.

El acceso a las TIC es tan relevante que los planes de ordenamiento territorial que impidan el despliegue de infraestructura de telecomunicaciones son susceptibles de modificación para evitar que la barrera produzca impactos negativos en la garantía de los derechos de los ciudadanos. Incluso, el parágrafo 2 del artículo 193 de la 1753 de 2019, modificado por el artículo 7 de la Ley 2108 de 2021, estableció el silencio administrativo positivo en el caso de las licencias de construcción, conexión, instalación, modificación u operación relacionada con la prestación del servicio de telecomunicación. Sin duda, el entendimiento que tiene el acceso a las TIC trasciende su esfera netamente instrumental y la convierte en un presupuesto básico para la garantía de derechos fundamentales.

Incluso, un criterio de selección para la cofinanciación de estrategias es contar con un entorno favorable para el despliegue de infraestructuras, que debe sustentarse en un concepto de la CRC que así lo establezca. Esto supone que no existan restricciones que provengan del POT o el plan de desarrollo territorial.

Lo anterior tiene efectos directos sobre las entidades territoriales, pero no respecto de los particulares. Aspecto que a simple vista parecería cuestionable, porque si la idea de ciudad inteligente también abarca la actividad privada, esto significaría que la definición de una estrategia de ciudad o territorio inteligente impacta de forma directa la actividad económica de los privados. No obstante, la participación de los particulares debe ser escuchada por las entidades territoriales al momento de definir la estrategia de ciudad o territorio inteligente.

Es importante aclarar que el alcance de la resolución no pretende cofinanciar proyectos de particulares, toda vez que su ámbito de aplicación se restringe a los entes territoriales. Además, quien tiene la función administrativa de planeación es la administración pública, para evitar que intereses de carácter económico se sobrepongan a las finalidades de orden colectivo que requieren de amplíos debates y escenarios de participación de todos los sectores.

En relación con el acompañamiento técnico resulta relevante precisar que no supone el otorgamiento de la cofinanciación para la ejecución de estrategias, sino que implica "*la generación de un concepto de prefactibilidad y viabilidad por parte del Ministerio de TIC*[65]" en la estructuración de proyectos o estrategias de ciudad inteligente. Para este propósito, la normativa aconseja tener en consideración el documento de recomendaciones para el desarrollo de ciudades y territorios inteligentes del DNP de 2020[66].

Asimismo, es importante señalar que las entidades territoriales que implementen el modelo serán valoradas anualmente para valorar su progreso de conformidad con la actualización de los criterios de medición. No se puede desconocer una herramienta de autodiagnóstico que pretende valorar los avances de conformidad con las características propias de cada entidad territorial y teniendo

---

65 Anexo 1 de la Resolución 1117 de 2022, p. 7.

66 DNP. 2020. Recomendaciones para el desarrollo de ciudades y territorios inteligentes. Tomado de https://www.dnp.gov.co/DNPN/Paginas/Recomendaciones-para-el-desarrollo-de-ciudades-y-territorios-inteligentes.aspx

en consideración la realidad social de cada una de ellas. De hecho, la medición de percepción para los municipios y departamentos se ajusta con su realidad territorial.

Las entidades territoriales podrán sustentar la creación de estrategias de ciudad inteligente en herramientas complementarias de medición de su capacidad institucional en términos de innovación territorial, como el Índice de Ciudades Modernas, indicadores relacionados con las necesidades insatisfechas y la brecha digital. Se aclara que a pesar de que el Modelo de Madurez de Ciudades y Territorios Inteligentes tiene algunos rasgos similares al Índice de Ciudades Modernas, tienen propósitos diferentes, porque fueron creados con fundamentos diferentes, pues el segundo se desarrolló en el marco del Conpes 3819 de 2014. No obstante, ambas mediciones son complementarias y sirven para sustentar la creación de una estrategia de ciudad inteligente[67].

En la implementación de las estrategias de ciudades inteligentes, los acuerdos marcos de precios se erigen como mecanismos de abastecimiento público de bienes y servicios destinados a satisfacer las necesidades de las entidades territoriales. La doctrina ha definido el acuerdo marco de precios como "*un negocio jurídico mediante el cual una entidad estatal y uno o varios sujetos públicos o privados pactan las condiciones comerciales para la celebración y ejecución de uno o varios negocios jurídicos futuros que tienen por objeto la adquisición de bienes y servicios de características técnicas uniformes y de común utilización*[68]".

Para esta materia, los acuerdos marco de precios de las ciudades inteligentes se han construido de forma conjunta entre el MinTic y Colombia Compra Eficiente para que posteriormente las entidades territoriales se adhieran a ellos para ejecutar las estrategias definidas. La adherencia a este instrumento contractual es de carácter obligatorio a partir del Decreto 310 de 2021, razón por la cual, su

---

67 Ministerio de Tecnologías de la Información y las Comunicaciones. 2022. Informe global de comentarios a la Resolución 1117 de 2022. https://mintic.gov.co/portal/inicio/Sala-de-prensa/Noticias/208739:Ministerio-TIC-establece-lineamientos-y-condiciones-para-impulsar-las-Ciudades-y-Territorios-Inteligentes-en-el-pais

68 Jorge Enrique Santos Rodríguez. "Las compras públicas por medio de acuerdos marco de precios" en *Del contrato estatal a los sistemas de compra pública*, Universidad Externado de Colombia, Bogotá, 2019, p. 254.

escogencia no es un criterio facultativo cuando se pretenda contratar temas relacionados que otros acuerdos marco de precios desarrollan, como es el caso de las cámaras de videovigilancia, las imágenes de plataformas satelitales, nube pública, entre otros.

La utilización de los acuerdos marco de precios para el desarrollo de las estrategias de ciudades inteligentes tiene una ventaja especial, porque asegura la estandarización de los criterios mínimos exigidos de los bienes y servicios que las entidades necesitan en el proyecto de innovación territorial. Esto evita el desgate administrativo en la apertura de procedimientos de compra repetitivos e individuales que pueden desarrollarse en masa para cualquier entidad que necesite el bien o servicio con las mismas características técnicas uniformes y de común utilización.

El acuerdo marco de precios tiene dos fases principales. En primer lugar, el acuerdo marco establece las reglas de juego y fija las condiciones entre la entidad que celebra el acuerdo y los proveedores para que en el futuro las entidades que quieran adherirse celebren contratos futuros conforme a esos parámetros. En segundo lugar, se presencia la fase de adherencia o acogimiento de esas condiciones, toda vez que, la entidad se ajusta a esas reglas de juego y se relaciona de forma directa con el proveedor para que se ejecute el cumplimiento del contrato en cuestión.

En Colombia, el ordenamiento jurídico permite la celebración de acuerdos marco de precios cerrados y abiertos, es decir, negocios jurídicos en los que hay un único proveedor o escenarios en los que hay varios proveedores, pero se establecen unas reglas de juego para su selección por parte de la entidad que requiere el bien o servicio.

La centralización de la contratación estatal para este tipo de bienes y servicios para algunos podría resultar lesiva de la autonomía territorial, toda vez que el orden nacional es quien define el mejor proveedor en la materia y podría en ocasiones generar escenario de exclusión de algunos competidores pequeños que no tienen el mismo músculo financiero de gigantes tecnológicos que conocen a profundidad el sector. A pesar de que ese tipo de situaciones pueden presentarse, no se puede ignorar que existen muchas ventajas en la utilización de este mecanismo contractual, principalmente, porque evita el desgate administrativo de los entes territoriales y contribuye a la ejecución material de la estrategia de ciudad inteligente.

Los acuerdos marco de precios solo se predican de bienes y servicios que pueden estandarizarse, razón por la cual, en aquellos eventos en los que un bien o servicio no tenga ese carácter, se podrán utilizar otros mecanismos de contratación ajustado a las medidas de las condiciones para desarrollar la estrategia de ciudad inteligente. La autonomía territorial se beneficia de los acuerdos marco de precios al centrar su atención en la ejecución efectiva de las funciones administrativas que tiene como propósito materializar la estrategia de ciudad inteligente en vez de iniciar procesos de contratación que demandan tiempo y conocimiento de un mercado especializado. En la mayoría de las entidades territoriales no se tiene el talento humano necesario para responder a esos desafíos técnicos. Por lo tanto, la centralización de decisiones contractuales en esta materia resulta más ventajosa que nociva para la consecución de los objetivos de las entidades territoriales.

A partir de la evolución normativa estudiada, resulta evidente que en Colombia el régimen jurídico de los territorios o ciudades inteligentes ha evolucionado de una visión reduccionista a un enfoque multidimensional, porque se toman en consideración todas las dimensiones de un territorio y no se centra únicamente en la incorporación de una dimensión digital o tecnológica. Este aspecto es fundamental porque centra el objeto de nuestra investigación desde una visión holística del problema y sin el sesgo de la preponderancia tecnológica sobre los demás ámbitos que conforman una ciudad.

En los diversos instrumentos de política pública, recomendaciones, borradores y normas jurídicas que regulan los territorios o ciudades inteligentes se tienen en consideración las dimensiones que componen la ciudad y los ejes habilitadores para su consecución, que tienen un carácter transversal en todas las dimensiones de la ciudad, por ser presupuestos básicos o esenciales en su ejecución.

A pesar de que existe esta claridad, en la actualidad no existe un cuerpo unificado o normativo de las ciudades inteligentes, por lo que es necesario acudir a las normas de ordenación del territorio para comprender los alcances de este concepto en la práctica, así como de otras especialidades jurídicas que lo dotan de contenido.

Las escasas normas que se refieren de forma expresa a la ciudad inteligente se nutren y enriquecen a partir de las interpretaciones jurídicas que se gestan al interior de cada una de las dimensiones de la ciudad. Esta situación tiene un impacto en la forma de control de la realidad actual que la inteligencia artificial y el mundo digital se ha convertido en un entorno ambivalente de ejercicio de derechos o de afectación intensa de ellos.

La mayoría de las normas fueron creadas para controlar una realidad análoga, más no digital, ni de inteligencia artificial, razón por la cual es necesario ajustar la interpretación de muchas disposiciones a estos contextos y en algunos casos crear normas generales o principios que sirvan como mecanismo de control de la arbitrariedad de la administración a través de los medios digitales. No obstante, se aclara que no se pretende una regulación absoluta de la tecnología, y especialmente de la inteligencia artificial, pues ello sería un despropósito, porque la tecnología avanza más rápido que el derecho. Esto implica que las normas jurídicas se desactualizan más rápido que el desarrollo tecnológico, de ahí que resulte innecesaria una regulación de cada aspecto, además, porque sería imposible. Lo verdaderamente importante es que las administraciones públicas tengan la capacidad de discernir entre lo que se ajusta a derecho y lo que supone una vulneración de derechos fundamentales.

El Derecho Administrativo desde su origen ha tenido un papel importante en el control de la arbitrariedad de las administraciones, y esta no es una excepción, porque el cambio de medios o escenarios en que se pueden trasgredir los principios de la función administrativa no supone un cambio en las finalidades que persigue esta rama del derecho.

El marco normativo vigente sirve para comprender la realidad en que se gestan los territorios o ciudades inteligentes. Sin embargo, existen elementos de las normas de derecho urbano que no contemplan una realidad armónica con la evolución de los centros de producción normativa, porque la expedición de actos administrativos de contenido general y particular se produce de forma diferente en la actualidad y cuenta con información que proviene de plataformas digitales que son creadas por las administraciones o por sectores económicos con objetivos específicos.

Si bien el tratamiento de la información se rige por unos principios jurídicos específicos, no se puede ignorar que la información generada en la ciudad para la toma de decisiones debe apreciarse de una manera diferencial por las proyecciones que tiene sobre los derechos individuales y colectivos. Este es un aspecto que quizá parece evidente, sin embargo, lo que realmente importa es que dicha información cumpla con la finalidad y principios del derecho urbano. No se pueden desviar los propósitos de esa información para conseguir objetivos personales o que provoquen escenarios de discriminación, que profundicen la desigualdad social o que impongan mayores cargas para las comunidades marginadas que viven en asentamientos informales o en zonas de riesgo.

Es así como surge en cabeza de los servidores públicos y los particulares que ejercen funciones públicas la obligatoriedad de suministrar información para el ejercicio de otras funciones, entre ellas, la actividad de ordenación del territorio, a tal punto que las bases de datos deben garantizar el acceso permanente y gratuito de la información producida y administrada. Asimismo, las entidades que usen esa información deberán velar por respetar las limitaciones de acceso y uso de conformidad con el habeas data, la privacidad y la reserva establecida por el legislador[69].

69 Artículo 227 de la Ley 1450 de 2011, modificado por el artículo 159 de la Ley 1753 de 2015.

II. Concreción del concepto de ciudad inteligente a partir del enfoque multidimensional de la planificación urbana: hacia la estructuración de un régimen jurídico de ciudad inteligente

Para analizar la forma en que el concepto de ciudad inteligente se ha incorporado en la práctica dentro del ordenamiento jurídico colombiano, es necesario inspeccionar su utilización por parte de las entidades territoriales y los instrumentos para ejecutar esas estrategias o proyectos de ciudad inteligente.

Entender la ciudad como un sistema conformado por diferentes órganos y tejidos no es una idea novedosa, sino que parte de una teoría organicista que comprende la ciudad como un cuerpo que puede examinarse y estudiarse. Esta percepción es útil para analizar la forma en que se construye el marco normativo de una ciudad, porque permite observar con cautela la manera en que sectorialmente se regula la ciudad, así como tener una comprensión general de ella.

La ciudad inteligente como un modelo de ciudad no es ajena a esa visión organicista, porque algunos autores la han definido como un sistema conformado por otros subsistemas y componentes que le dan vida o forma a ese cuerpo viviente[1]. Por esta razón, resulta de

---

1 Hafedh Chourabi, et al. Understanding smart cities: An integrative framework. En *2012 45th Hawaii international conference on system sciences*. IEEE, 2012. p. 2290. *"Given the conceptual comprehensiveness of a smart city, it could be thought of as a large organic system connecting many subsystems and compo-*

gran valía el concepto de Sistema de Ciudades que trae el literal d del artículo 29 de la Ley 1454 de 2011 y el inciso 5 del artículo 2 de la Ley 2082 de 2021, porque encaja de manera acertada con la ciudad inteligente y con otros modelos de ciudad, que pretenden promover un análisis integral.

Comprender las ciudades en redes permite extraer una visión amplia de las necesidades del territorio y articularlas de manera estratégica. El urbanismo moderno propende por la coordinación y no por el aislamiento. Crear propuestas de cooperación y articulación entre las zonas urbanas es una intención de nuestro ordenamiento jurídico y diferentes países del mundo que persiguen la colaboración armónica. Es necesario pensar desde el interior del país, porque muchas de las políticas públicas están dirigidas a pensar en el exterior, pero es necesario fortalecer la comunicación entre las ciudades.

Pensar en un sistema de ciudades no solamente desde un punto de vista geográfico o territorial, sino digital, porque los desafíos que enfrentamos en la actualidad y que se desarrollarán en el futuro tienen una profunda repercusión en el manejo de los datos. Cuando se alude a un sistema de ciudades inteligentes se hace referencia a toda la información que pueden compartir estos territorios y a su interrelación para cumplir propósitos específicos. Esto implica una mezcla entre la realidad física y digital, aspectos que en muchas ocasiones no se han analizado con cautela por prejuicio, ingenuidad o escepticismo sobre su alcance.

En ese sentido, el enfoque multidimensional de la ciudad inteligente nos obliga a entender cuáles son los componentes que la integran y la viabilizan de manera trasversal en cada una de sus dimen-

---

nents like the ones described above. Dirks and Keeling [19] consider a smart city as the organic integration of systems. The interrelationship between a smart city's core systems is taken into account to make the system of systems smarter. No system operates in isolation. In this sense, Kanter and Litow [34] consider a smarter city as an organic whole––a network and a linked system. While systems in industrial cities were mostly skeleton and skin, postindustrial cities—smart cities—are like organisms that develop an artificial nervous system, which enables them to behave in intelligently coordinated ways [42]. The new intelligence of cities, then, resides in the increasingly effective combination of digital telecommunication networks (the nerves), ubiquitously embedded intelligence (the brains), sensors and tags (the sensory organs), and software (the knowledge and cognitive competence)".

siones. Es así como una acepción restrictiva de este concepto tiene profundas incidencias en la garantía de los derechos de los ciudadanos, porque desconoce el alcance y dinámica de las relaciones sociales, que no en todos los casos son predecibles y anticipadas, como se pretende analizar a partir de un algoritmo cambiante.

Para tal efecto, se tomarán las dimensiones y ejes habilitadores propuestos por la Resolución 1117 de 5 de abril de 2022 para el modelo de medición de madurez de las ciudades inteligentes, con la aclaración de que la estructuración de esas dimensiones puede variar en un futuro y que no son una camisa de fuerza para entender los alcances del concepto de ciudad inteligente, pues su contenido puede ser redefinido y la clasificación de las áreas funcionales de un territorio puede variar de conformidad con la visión a largo plazo de los planeadores.

La salvedad anterior es importante porque el contenido de ese concepto ha sido nutrido en la práctica por las entidades territoriales a través de múltiples proyectos y estrategias creadas de manera espontánea y en la mayoría de los casos sin el acompañamiento de autoridades del orden nacional en su estructuración. Por esta razón, la concepción que tienen los diferentes niveles de administración y gobierno departamentales, distritales y municipales sobre la ciudad inteligente puede variar de manera considerable según sus condiciones socioeconómicas y su trayectoria en la creación e impulso de este tipo de iniciativas. Esto supone una construcción de abajo hacia arriba, puesto que solo hasta el año 2022 se consolidó una normativa en torno a la medición del modelo de ciudad inteligente desde el orden nacional.

Esto tiene especial trascendencia en la materialización del principio de autonomía territorial, porque las entidades territoriales en múltiples escenarios han acogido el concepto de ciudad inteligente para incorporarlo en los planes de ordenamiento territorial y los planes de desarrollo de algunas administraciones desde su propio entendimiento. Este fenómeno le imprime un carácter jurídico a la ciudad inteligente y la convierte en una directriz de desarrollo territorial municipal, distrital y departamental de carácter obligatorio para muchas administraciones.

Debe resaltarse que, en ejercicio de la autonomía territorial, las entidades han utilizado instrumentos contractuales para la adquisición de bienes y servicios con el objetivo de modernizar, innovar y ejecutar las estrategias y propuestas de ciudad inteligente. En consecuencia, puede afirmarse que con anterioridad a la expedición de los acuerdos marco de precios de las ciudades inteligentes, las administraciones locales, distritales y departamentales diseñaban procesos individuales de contratación sobre asuntos que en la mayoría de los casos no tenían un conocimiento técnico profundo o especializado.

Lo anterior corrobora que los proyectos y estrategias de ciudad inteligente se han construido de abajo hacia arriba, por lo que no existen criterios unificados sobre los alcances de ese concepto en el ordenamiento jurídico colombiano. Sin embargo, existe una normativa proferida desde el orden nacional como herramienta de autodiagnóstico para que cada entidad territorial estructure este tipo de estrategias y proyectos, según sus necesidades y condiciones socioeconómicas.

Teniendo en consideración esa mezcla de criterios, se tomará como caso de estudio principal el POT de Bogotá 2021-2035 adoptado mediante el Decreto 555 de 29 de diciembre de 2021 para analizar la concreción del concepto de ciudad inteligente desde un enfoque multidimensional. Asimismo, se realizarán referencias tangenciales a otros POT del país de manera enunciativa para extraer algunos presupuestos generales sobre la materia y contrastar la finalidad de cada una de ellas.

Es importante aclarar que las estrategias de ciudad inteligente no están restringidas únicamente a los municipios y distritos, sino que pueden desarrollarse en todos los niveles de administración y gobierno. Los Planes Estratégicos Metropolitanos de Ordenamiento Territorial (PEMOT) y los Planes de Ordenamiento Departamental (POD) tienen la competencia para regular ese modelo de ciudad con base en el potencial que tienen sobre el desarrollo intermunicipal e interdepartamental[2]. De hecho, la interdependencia municipal en algunos sectores genera una dinámica de complementación

2 Diego Felipe Contreras Pantoja, "Los planes de ordenamiento territorial departamental como instrumentos administrativos de concreción de la planificación intermedia: ¿un escenario articulado o en construcción?", op. cit. p. 274 y 275.

de actividades y servicios, que exalta la cooperación, coordinación y la colaboración territorial[3].

En muchos casos, los departamentos o municipios con músculo financiero ayudan a las entidades territoriales vecinas en la satisfacción de necesidades o prestaciones de servicios. Sin embargo, debe promoverse en mayor medida la coordinación y no la corresponsabilidad de competencias, puesto que no deberían convertirse en sujetos que suplen las funciones de otras entidades territoriales. El respeto por la autonomía territorial parte de otorgarle las herramientas necesarias a las entidades territoriales para que autogestionen sus necesidades, intereses y servicios.

Debe recordarse que el modelo de medición de madurez de las ciudades inteligentes está compuesto por 6 dimensiones y 5 ejes habilitadores. En ese orden, las dimensiones representan las áreas funcionales y principales de la ciudad, esto es, una agrupación de sectores y objetivos y los ejes habilitadores son el conjunto de presupuestos básicos para viabilizar cada una de esas dimensiones, razón por la cual, tienen una connotación trasversal, pues su aplicación recae sobre cualquier sector del territorio y se ajusta a las necesidades de ellos.

Para acotar el campo de esta investigación, solo se analizarán los ejes habilitadores de infraestructura digital e interoperabilidad y analítica y gestión de datos porque tienen problemas interesantes para el derecho urbano. Asimismo, se estudiarán las dimensiones de medio ambiente y hábitat con sus respectivos subdimensiones. No se analizarán los demás componentes porque desbordaría el objeto de esta investigación, por lo que se tomarán a modo ejemplificativo para examinar las tensiones de derechos fundamentales que provocan y los dilemas éticos que producen al interior de las administraciones públicas y los sectores económicos.

---

3 Juan Carlos Covilla Martínez, "Concurrencia y coordinación en las distintas tipologías de determinantes de los planes de ordenamiento territorial", en Ordenación del territorio, ciudad y derecho urbano: competencias, instrumentos de planificación y desafíos, Universidad Externado de Colombia, Bogotá, 2020, p. 245 y 246.

Para cumplir con este propósito, en primer lugar se estudiará la ductilidad de los planes de ordenamiento territorial como herramientas jurídicas de innovación y modernización del quehacer de la administración que se adapta a los compases de la realidad y al modelo de ciudad inteligente, en segundo lugar, se observará la manera en que los ejes habilitadores o transversales se incorporan en el modelo de ciudad inteligente de cara a las obligaciones que tienen las administraciones para combatir la inequidad y la asimetría de la información a la que acceden los ciudadanos, y en tercer lugar, se analizarán algunos elementos de la ciudad inteligente para comprender las barreras en la implementación de este modelo de ciudad y la tensión de derechos fundamentales en juego.

2.1. Los planes de ordenamiento territorial como instrumentos jurídicos de implementación de las ciudades inteligentes

La planificación de las ciudades es un fenómeno relativamente reciente en el ordenamiento jurídico colombiano, porque solo hasta finales de la década de los 70´s se profirió la Ley 61 de 1978 como respuesta a los acelerados procesos de urbanización y la proliferación de proyectos inmobiliarios. En este cuerpo normativo se dispuso la creación de planes integrales de desarrollo para núcleos urbanos con más de 20 mil habitantes, es decir, que en sectores inferiores la proyección de ordenación no requería de un plan integral, aspecto que sin duda contribuiría a la falta de presencia de la administración en algunas zonas del país. La administración no puede entender la planificación territorial como un privilegio técnico y jurídico únicamente para las zonas densamente pobladas, pues es un deber y una obligación ordenar el territorio a lo largo de la Nación.

Planear el desarrollo de las entidades territoriales comporta una *"actividad prospectiva, política y técnica, de identificación de finalidades y la escogencia de los instrumentos para lograrlo, con la consideración adecuada de los riesgos a los que se exponen tales objetivos, en pro de la dirección ordenada de la actividad social, como medida anticipatoria y de guía de las actividades privadas y públicas*[4]". La manera en que las entidades territo-

---

4 Corte Constitucional, Sentencia C-138 de 2020.

riales configuran y proyectan el espacio urbano y rural sirve para el cumplimiento de las finalidades del interés general que se persigue. Por esta razón, los planes de desarrollo tienen una proximidad con los POT, pues comparten en cierta medida objetivos similares que se implementan en un espacio territorial determinado.

Históricamente, las primeras normas de ordenamiento territorial se incorporaron como un componente de los planes de desarrollo, como ocurrió con el artículo 3 de la Ley 61 de 1978 y el Decreto Ley 1333 de 1986. En esa época, aspectos como la reglamentación del suelo y normas urbanísticas se expresaban a través de los planes de desarrollo. Esto servía para alienar los objetivos de desarrollo de los territorios con su proyección espacial y en consideración con los usos del suelo. Esta cercanía se morigeró con el paso del tiempo porque ambos instrumentos de planeación adquirieron una regulación propia y autónoma, pero armonizada.

En la década de los 80´s se profirió la Ley 9 de 1989 como un cuerpo normativo sólido y unificado diseñado para controlar de manera ordenada el crecimiento armónico de las ciudades y dispuso de instrumentos jurídicos para la adquisición de terrenos destinados a fines públicos[5].

En vigencia de la Constitución Política de 1991, se expidió la Ley 388 de 1997 con un enfoque amplio de la planificación territorial y con base en las dimensiones del territorio. Bajo este contexto, se le otorgó un papel relevante al medio ambiente y al desarrollo sostenible como derecho y principios que orientan de manera principal la ordenación del territorio. Los POT se convirtieron en instrumentos jurídicos esenciales del desarrollo territorial en los municipios, toda vez que tienen como propósito sentar las bases de la ordenación del territorio desde un enfoque multidimensional. Lo anterior, en armonía con los planes de desarrollo de los entes territoriales, por lo que el vínculo entre ambos instrumentos de planificación se mantiene vivo.

La Ley 1454 de 2011 o Ley de Ordenamiento Territorial (LOOT) definió después de 20 años de expedición del texto constitucional las competencias entre los diferentes niveles de gobierno y administración territorial. Este cuerpo normativo tiene efectos positivos sobre

---

[5] Corte Constitucional, Sentencia C- 295 de 1993.

el entendimiento de ordenación del territorio, porque exalta los mecanismos de relacionamiento de orden supramunicipal y las competencias de los departamentos en la ordenación del territorio. Estas competencias tienen unas características articuladoras invaluables y poco explotadas en la práctica, por la falta de precisión sobre aspectos procedimentales y formas de implementación. No obstante, su promulgación representa un avance significativo en este sentido[6].

A pesar de que en la actualidad hay un marco jurídico sólido en temas de desarrollo territorial, la realidad es que la primera generación de POT elaborados entre 1998 y 2003 con vigencia de 12 años presentó problemas técnicos en su constitución y ejecución, por la falta de organización, la dificultad para acceder a la información actual de los territorios, la imprecisión de las normas jurídicas en esta materia y la ausencia de conocimientos técnicos para interpretarla de manera real y actualizada. Esto ha *"conducido a la falta de efectividad de los planes como instrumento para orientar el desarrollo territorial, identificar las inversiones públicas prioritarias, atraer la inversión privada y fortalecer los fiscos municipales. Bajo estas condiciones no es posible planear territorios modernos con prospectiva y calidad*[7]".

La ineficacia de estos instrumentos normativos y técnicos tiene hondas repercusiones en la garantía de los derechos y la adaptación al cambio climático. Esto se explica por dos razones: en primer lugar, porque sin datos o estadísticas completas de toda la población no es posible garantizar el ejercicio de los derechos de manera integral, pues la información incompleta invisibiliza sectores e impide un entendimiento real de los problemas estructurales que afronta un territorio.

Los datos y cifras que ellos generan en principio tienen características de objetividad y neutralidad, sin embargo, también han sido cuestionados porque tienen la capacidad de representar una realidad artificial a partir de una interpretación equivocada o de un proceso de recolección parcializado, que en últimas esconde la

---

6 Héctor Santaella Quintero, "Los planes de ordenamiento territorial departamental: beneficios y riesgos de un instrumento clave para la ordenación del territorio en Colombia", en *Revista Digital de Derecho Administrativo*, Universidad Externado de Colombia, n° 20, 2018, pp. 89-90.

7 Conpes 3870 de 2016.

realidad del objeto de estudio. Por esta razón, como sirven de insumo básico de cualquier política pública y acción administrativa, su elaboración debe ser cuidadosa y técnica, para evitar la vulneración de derechos y la subestimación de grupos poblaciones tradicionalmente discriminados.

Cuando la administración cuenta con información parcializada, no puede tomar decisiones efectivas para la superación de dichos problemas[8], de ahí que una indebida obtención de los datos o una mala identificación de los grupos poblacionales profundice la vulneración de derechos y la discriminación en la construcción de políticas públicas. En particular, los datos oficiales tienen una proyección trascendental en el goce de los derechos de los grupos étnicos, la población en condiciones de pobreza y/o marginalidad, pues "*es el primer paso para el reconocimiento de sus derechos*[9]".

Un ejemplo de la importancia que tienen los datos y cifras oficiales se materializa en el censo. Al respecto, la Corte Constitucional ha reconocido el censo y la información estadística como una cuestión de derecho fundamental[10]. El censo tiene un papel trascendental en la identificación de la población para la toma de decisiones de problemas estructurales, pues es una operación estadística que está dirigida a "*recabar, procesar, analizar y difundir información básica para contribuir al desarrollo económico, social científico y tecnológico del país*[11]".

La Corte Constitucional en Sentencia T-276 de 2022 se pronunció sobre la invisibilidad estadística de la población afrocolombiana en el censo de 2018, por los errores en su diseño e implementación, que produjo la invisibilización de más un millón de afrocolombianos que no fueron contados en el censo. No se pude desconocer que este es un instrumento estadístico de carácter universal, porque la muestra

---

8 Corte Constitucional, Sentencia C-748 de 2011 *"la exactitud de la información estadística [...] es fundamental para el diseño de políticas públicas y programas sociales".*

9 Comisión Interamericana de Derechos Humanos. *Derechos económicos, sociales, culturales y ambientales de las personas afrodescendientes: Estándares interamericanos para la prevención, combate y erradicación de la discriminación racial estructural.* OEA/Ser.L/V/II), 2021, párrafos 62 y 63.

10 Corte Constitucional, Sentencia T-276 de 2022.

11 Decreto 1899 de 2017.

que se analiza es la población de un país, de ahí que los pueblos pequeños de las zonas más lejanas se vean representados en la recopilación de la información y a su vez esto define la manera en que se aplican las políticas públicas y la distribución de los recursos en el territorio.

La información técnica y estadística se convierte en el insumo principal de las administraciones públicas para adoptar decisiones, razón por la cual es necesario entender el proceso para su obtención, análisis y decodificación. En la actualidad este proceso no es simple, sino complejo, porque existen múltiples fuentes de información y de instrumentos tecnológicos que constantemente están replanteando la manera de identificar y contar las necesidades de una población.

La Corte Constitucional en su pronunciamiento también resaltó la funcionalidad que tiene el censo como un instrumento de control y goce efectivo de los derechos humanos, porque permite valorar la superación de problemáticas o verificar el retroceso en determinadas zonas geográficas. Sin duda, la estadística se convierte en un instrumento valioso para controlar a la administración y la correcta ejecución de las funciones administrativas respecto de las poblaciones de escasos recursos. No obstante, se advierte que la interpretación de las cifras y datos estadísticos no representa una verdad absoluta, pues es leída por un intérprete que la decodifica.

En segundo lugar, porque las ciudades desorganizadas representan un porcentaje superior de emisiones de gases invernadero y esto a su vez produce impactos negativos en la salud de las personas, el medio ambiente y el desarrollo económico. Las ciudades desordenadas aumentan el desequilibrio de cargas entre los ciudadanos, porque las zonas marginadas, los asentamientos informales y los sectores con menores índices de desarrollo económico soportan la mayoría de las cargas de los impactos ambientales negativos del territorio por su constante exposición a los altos niveles de contaminación[12].

---

12 María Daniela de la Rosa Calderón y Diego Felipe Contreras Pantoja, "El carácter distributivo de la justicia ambiental como reivindicación de derechos: entre el racismo ambiental y las consideraciones socioeconómicas", en *Información, participación y justicia ambiental. Herramientas para alcanzar el desarrollo sostenible y la democracia ambiental,* Universidad Externado de Colombia, 2020, p. 473-474.

Los POT tienen vocación de instrumento de eficiencia individual y colectiva, porque impacta la dinámica privada de los ciudadanos de manera positiva o negativa y genera resultados que garantizan el interés general. Estas disposiciones jurídicas se proyectan de manera simultanea en ambos ámbitos, por lo que siempre están involucradas con el ejercicio de derechos fundamentales y colectivos. La organización del territorio permite disminuir costos económicos, reducir cargas sociales y mitigar riesgos predecibles derivados de la mala planificación.

Esto demuestra que "*la técnica de organizar ciudades hoy se presenta como una disciplina compleja, de la cual depende el mejoramiento de la calidad de vida de amplias porciones de la población, por lo que el urbanismo en el presente no puede analizarse simplemente desde la óptica del crecimiento y expansión de las ciudades, este se inserta en una disciplina más amplia conocida como ordenación del territorio y desde allí a la actividad de urbanizar, construir, reformas y renovar, se suman exigencias de competitividad económica y de preservación de recursos naturales*[13]". A estos componentes se suman los desafíos tecnológicos de la era digital, de la información y de la inteligencia artificial que inciden de forma determinante en la técnica de organización de las ciudades. Resulta indispensable estudiar el impacto que esta nueva dimensión tiene sobre el ejercicio de los derechos, la estructuración de los POT y los límites jurídicos que deben estructurarse a partir de una lectura no tradicional de los principios de la ordenación del territorio.

Dentro de las múltiples finalidades que cumplen los POT es importante destacar su capacidad de adaptación, actualización, renovación e innovación de la visión del territorio, pues al tener el carácter norma jurídica, su contenido crea obligaciones y derechos que responden a la realidad de las condiciones socioeconómicas de cada territorio. Esto significa que cumple una "*verdadera función innovadora del ordenamiento jurídico*[14]", pues este instrumento jurídico incide sobre la dinámica del territorio al imponer límites al ejercicio de

---

13 Jorge Iván Rincón Córdoba, *Planes de ordenamiento territorial, propiedad y medio ambiente,* Universidad Externado de Colombia, Bogotá, 2012, p. 106.

14 Jorge Iván Rincón Córdoba, *Planes de ordenamiento territorial, propiedad y medio ambiente, op. cit.* p. 81.

derechos, viabilizar la prestación de servicios públicos y fomentar el desarrollo de actividades económicas.

A pesar de que los POT son normas jurídicas con una proyección temporal, la actualización de estos instrumentos no ha sido la esperada y la realidad de muchos municipios es que estos instrumentos normativos no tienen un alcance tan efectivo para controlar la desorganización del territorio porque no responden a la realidad socioeconómica de estas entidades territoriales. Esto impacta la efectividad de los derechos fundamentales y la capacidad de la administración para mitigar el crecimiento desordenado.

Desde 2016, el Estado colombiano elaboró el Conpes 3870 que contempló el programa nacional de los POT modernos, con el objetivo de revisar, ajustar y actualizar estos instrumentos a nivel nacional con la guía técnica de diferentes autoridades. No obstante, en la actualidad alrededor del 80 % de los municipios no tiene actualizado su POT[15], a pesar de los problemas de concentración geográfica, aglomeración, conurbación, escasez de recursos naturales, asentamientos en zonas de riesgo, indebida utilización del suelo y deficiencias en la comunicación entre entidades territoriales locales e intermedias.

Cuando se comprenden las dinámicas desde los territorios, es más fácil construir herramientas de políticas públicas y administrativas para solucionar problemas estructurales. Los análisis abstractos sobre los territorios no generan resultados efectivos, porque no toma en cuenta la dinámica de manera espacial o geográfica para determinar las tendencias que existen en su interior y encontrar el origen del problema y las posibles alternativas de resolución. Existen múltiples ejemplos sobre este tipo de análisis, por ejemplo, la pobreza es un tema que puede proyectarse y comprenderse de manera geográfica por factores relacionados como clubes de convergencias y las dinámicas perversas de ocupación territoriales, toda vez que hay municipios que convergen en niveles de desarrollo más altos que otros según su posicionamiento geográfico a la periferia y, asimismo, en términos de competitividad los actores del mercado prefieren zonas

---

15 IGAC, "El OT del país en cifras", tomado de https://www.colombiaot.gov.co/acerca-de/ot_del_pais_en_cifras.html y consultado el 10 de enero de 2023.

alejadas, económicas y no adecuadas, sin embargo, esto no genera en términos reales mayor bienestar, ni riqueza[16].

La primera generación de los POT incurrió en errores técnicos y de análisis de datos, principalmente por la dispersión de información y su capacidad para compilar y unificarla. Un ejemplo de esta realidad se evidencia en los criterios ambientales que deben tenerse en consideración en las zonas rurales en que por mucho tiempo no existió una sistematización de esa información[17]. Frente a esta realidad se diseñó el Kit Territorial que tiene como propósito expresar de manera detallada todas las herramientas que existen para ordenar el suelo rural con el apoyo de diferentes entidades que ingresan la información actualizada.

El carácter técnico del POT es un elemento de validez del instrumento, por lo que las memorias justificativas y el documento técnico son los insumos principales de su motivación y explicación de los modelos de ciudad que se pretenden adoptar a corto, mediano y largo plazo. Cualquier imprecisión en la información o descontextualización de la realidad del territorio es un potencial detonante de un vicio del acto administrativo que puede producir la nulidad parcial o total de la norma[18]. Los insumos de los instrumentos de planeación son elementos esenciales en su estructuración y su mala ejecución u obtención genera la ilegalidad del acto administrativo en cuestión. La indebida obtención y decodificación de la información tiene efectos jurídicos.

La sinergia entre los diferentes niveles de administración y entidades técnicas se expresa a través de la interoperabilidad de la información, para que sea posible acceder a ella de manera ordenada y sincrónica. Esto evita los reprocesos e impulsa la gestión administrativa, no obstante, requiere de constante actualización e interacción

---

16 DNP, "Levantamiento de una línea de base del Programa de POT modernos. Producto 2: informe línea de base de evaluación y documento de bases de datos", tomado de https://colaboracion.dnp.gov.co/CDT/Sinergia/Documentos/Evaluacion_POT_Moderno_Informe_Bases_Recomendaciones.pdf y consultado el 12 de enero de 2023, p. 6.

17 DNP, "Levantamiento de una línea base..." op.*cit.* p. 12.

18 Consejo de Estado, Sala de lo Contencioso Administrativo, Sección Primera, Sentencia de 18 de octubre de 2019, radicado 13001-23-31-000-2008-00384-01.

por parte de las personas que tienen acceso a este tipo de sistemas de información, pues a partir de ella se adoptan decisiones de carácter colectivo e individual, que pueden generar restricción de derechos.

A pesar de que la articulación de la información es esencial en la construcción de los POT, la primera generación de estos instrumentos no contó con la capacidad técnica requerida por parte de los municipios, debido a las dificultades para procesar la información y decodificarla, razón por la cual el Programa POT modernos promovía un acompañamiento sistemático en cada una de esas áreas[19]. La primera experiencia sirve para nutrir la nueva conformación de los instrumentos de planificación.

El panorama actual para la consolidación de los POT es diferente, porque el manejo de la información técnica es más accesible para las entidades y las personas. Asimismo, hay claridad en la formulación de procedimientos para su revisión, actualización y verificación, con un amplio acompañamiento técnico. La mayoría de las entidades cuentan con capacidad para llevar el proceso de actualización de las herramientas de planificación. Por otra parte, el marco normativo para su consolidación es más profundo y detallado que en el pasado, principalmente, porque se tiene certeza sobre la gestión del riesgo, hay cartografías claras de territorios que antes existían y se incorporaron criterios sobre cambio climático.

A pesar de que la mayoría de las entidades territoriales no cuentan con un POT actualizado y ajustado a su realidad, lo cierto es que en la práctica algunas entidades territoriales han optado por incorporar proyectos o estrategias de ciudad inteligente que confirman el origen de la implementación de este tipo de modelo de ciudad de abajo hacia arriba. La multiplicidad de experiencias aisladas y dispersas en la construcción del uso de la ciudad inteligente por parte de las entidades territoriales reflejan el alcance de su autonomía territorial, que frente a problemas estructurales deciden utilizar este tipo de propuestas como una solución.

En un primer momento, los instrumentos de planificación territorial no aludían al concepto de ciudad inteligente, sin embargo, se utilizaba este concepto como un instrumento de modernización de

---

19 DNP, "Levantamiento de una línea base..." Op.*cit.* p. 20.

la administración pública y de innovación en su interior para hacer eficiente la gestión administrativa. No obstante, con el paso del tiempo, la introducción de ese concepto se perfeccionó a través de la creación de normas jurídicas que tenían como objetivo la implementación de un modelo de ciudad inteligente. Para tal propósito, se utilizó el componente general del POT en que se erigen los principales propósitos de planeación de las entidades territoriales, como ocurre en Bogotá que instaura de forma expresa la exaltación de un modelo de ciudad inteligente.

La consagración del modelo de ciudad inteligente en los POT se materializa tanto en los componentes urbanos como rurales a partir de actividades, procesos, bienes y servicios destinados a su consolidación, pero a su vez comparte espacio con otros modelos de ciudad como la ciudad sostenible. Esto revela la coexistencia con otros modelos de ciudad dentro de un mismo instrumento de planificación que demuestra la forma en que ambos se complementan. Incluso, podría insinuarse la construcción de un modelo mixto que es la ciudad inteligente sostenible, aspecto que puede resultar redundante, porque los postulados de la ciudad inteligente se nutren del principio de desarrollo sostenible e incorpora el cumplimiento de los Objetivos de Desarrollo Sostenible (ODS) como una prioridad de ese modelo. Con independencia de que se incorpore la palabra sostenible, la noción de ciudad inteligente comporta este principio en la práctica. La sostenibilidad es una expresión de la eficiencia que se materializa en la dimensión económica, ambiental y social para mantener un equilibrio entre estos ámbitos y evitar afectar los recursos de las generaciones futuras.

Las entidades territoriales utilizan medidas de autogobierno y autogestión de conformidad con sus necesidades y visión de ciudad, por lo que en el marco de una propuesta de modernización e innovación del quehacer administrativo se ha optado por la utilización del concepto de ciudad inteligente para ordenar sus territorios a través de procesos eficientes que incorporan la utilización de las TIC. Al respecto, el inciso 4 del artículo 6 de la Ley 388 de 1997 hace referencia a la incorporación de instrumentos que impulsen la transformación territorial a partir de la optimización de los recursos naturales, humanos y tecnológicos para el mejoramiento de las condiciones de vida digna de la población actual y las generaciones futuras. Esto coincide con el numeral 15 del artículo 3 de la Ley 136 de 1994, que erige como una función de los municipios la incorporación de las nuevas tecnologías en los planes de desarrollo.

La transformación territorial está supeditada a procesos de transición y a la construcción de instrumentos técnicos, pues puede ignorarse el carácter "*técnico de la actividad planificadora se constituye en una garantía contra la arbitrariedad de las decisiones que tenga que adoptar la autoridad administrativa, pues si bien es cierto que el modelo de ciudad y las opciones para alcanzarlo son objeto de discusión política, también es cierto que son indispensables los soportes técnicos y estudios preliminares que arrojen: la realidad del espacio físico que se quiere organizar, los problemas de largo, mediano y corto plazo que se deben resolver; las soluciones que se sugieren para afrontarlos y las previsiones para el futuro crecimiento e interacción de las áreas urbanas y rurales*". De esta manera, se impide la imposición de soluciones que no tengan como fundamento la resolución de un problema de importancia para las entidades territoriales.

La elección de las medidas, mecanismos y oferentes para la consolidación de los proyectos y estrategias de ciudad inteligente está cubierta por los principios de transparencia y publicidad, de ahí que las medidas que se adopten para su materialización exijan de un sustento técnico sólido. Esto tiene una especial relevancia en un contexto latinoamericano porque la implementación de instrumentos digitales requiere de un proceso paulatino, en particular, por la brecha de inequidad tecnológica y de desigualdad al acceso a la información.

El acceso a la tecnología y al internet en la actualidad es un instrumento para garantizar la dignidad humana. El analfabetismo digital profundiza la desigualdad social y el acceso a las oportunidades. Las administraciones públicas tienen la obligación de garantizar en el marco de la transición tecnológica la posibilidad de realizar trámites de manera presencial y digital. Los ciudadanos deben estar en la capacidad de escoger la mejor vía de comunicación con la administración y en ninguna circunstancia esto puede impedir el ejercicio de los derechos o suponer un obstáculo para su garantía. Los medios y los instrumentos deben facilitar el ejercicio de los derechos, pero no pueden ser generadores de desprotección o de vulneración.

Los POT deben orientarse a disponer de forma organizada el territorio para que el uso del suelo tenga en consideración la incorporación de infraestructura tecnológica necesaria para garantizar la prestación del servicio público esencial de acceso a internet en todo el país con respeto de los determinantes aplicables en cada zona. Sin duda, el ordenamiento territorial le otorga relevancia a ciertos valores que traen consigo la imposición de obligaciones y la afectación de derechos o la restricción de la actividad privada, sin embargo, esto no puede implicar una limitación desproporcionada o el vaciamiento del núcleo esencial de la autonomía territorial.

La introducción de la infraestructura digital debe estar alineada con las normas de superior jerarquía que limitan la construcción de los POT, es decir, debe estar alineada de manera necesaria con los determinantes que inciden en el territorio, pues ellos le imponen un límite a la autonomía territorial. Incluso, deben tenerse en consideración instrumentos que, si bien no tienen el carácter de determinantes de facto, inciden sobre la planificación de ellos, como ocurre en el caso de los PDET, que en algunos municipios limitan de manera directa o indirecta la autonomía territorial, así como pueden llegar a exaltarla[20].

Después de comprender el potencial que tienen los POT para exaltar su capacidad de innovación territorial y modernizar las administraciones territoriales, en el siguiente acápite centraremos la atención en los ejes habilitadores de la infraestructura digital e interoperabilidad y la analítica y gestión de datos. Posteriormente, se examinarán las dimensiones de la ciudad inteligente que están enfocadas en el medio ambiente y el hábitat, para entender las tensiones que este modelo de ciudad puede provocar en la garantía y protección de derechos de los ciudadanos. Para tal objetivo, se tomará como caso de estudio principal el POT de Bogotá, que tiene una propuesta novedosa en estas materias, con independencia de que a lo largo puedan citarse ejemplos de otras ciudades colombianas para nutrir la discusión.

---

20 María Daniela de la Rosa Calderón y Diego Felipe Contreras Pantoja, "Instrumentos administrativos para la paz: programas de desarrollo con enfoque territorial (PDET). 2018" en Lecturas sobre Derecho de Tierras, Universidad Externado de Colombia 2018, p. 280.

2.2. *Elementos transversales de la ciudad inteligente: hacía la edificación de una infraestructura modernizada e innovadora del territorio*

La transición de las ciudades a entorno digitales y de inteligencia artificial no supone un proceso fácil de adaptación, porque muchas ciudades latinoamericanas tienen altos índices de desigualdad y pobreza, que destinan los recursos económicos a suplir necesidades básicas y prioritarias. Esto incide en la vocación principal que durante años han tenido estos territorios, por lo que no están acostumbrados a que en zonas rurales o alejadas se disponga de espacios específicos para estructuras complejas de infraestructura digital, que sirva a la prestación de servicios públicos y al desarrollo de funciones administrativas.

Desde la Agenda de Túnez para la Sociedad de la Información de 2006 promulgada en la Cumbre Mundial sobre la Sociedad de la Información (CMSI), evento organizado por la Unión Internacional de Telecomunicaciones (UTI) de la ONU, la infraestructura ha sido una prioridad para los Estados para cerrar las brechas de desigualdad digital y, por ende, para garantizar el acceso a la información. Se reconoce que es un proceso de largo alcance, que requiere de la participación del sector público y privado para se consolide la infraestructura necesaria y se creen servicios habilitados por las TIC. Asimismo, reconoce los vacíos de financiación en infraestructura de redes regionales y proyectos conexos a lugares alejados y desfavorecidos, por lo que recomiendan proporcionar incentivos para creación de este tipo de infraestructuras.

La Comisión Interamericana de Derechos Humanos (CIDH) señaló que para disminuir la brecha digital los Estados debían "(i) crear programas con recursos para proveer los dispositivos electrónicos necesarios a NNA en situación de pobreza; (ii) asegurar que las niñas, niños y adolescentes accedan a la educación en línea "sin exclusiones, mediante sistemas de apoyo, estrategias de comunicación y contenidos accesibles" para personas con discapacidad, niñez indígena, afrodescendiente, en situación de pobreza, entre otros; y, (iii) invertir en infraestructura digital y conectividad, con base en diagnósticos territoriales[21]".

---

21 CIDH. "Guías prácticas de la sacro Covid-19. ¿Cómo garantizar el acceso al derecho a la educación para niñas, niños y adolescentes durante la pan-

Los territorios deben invertir en infraestructura digital y conectividad para evitar que la brecha digital profundice la vulneración de derechos en zonas del país donde el servicio se presta de manera precaria o no existe. Para cumplir con ese objetivo y superar las barreras de conexión es necesario acondicionar el territorio para la incorporación de la infraestructura digital.

En Colombia el Índice de Favorabilidad de Infraestructura a cargo de la Comisión de Regulación de Comunicaciones (CRC) es un instrumento valioso para detectar la disminución de barreras en la instalación de infraestructura, pues refleja la cobertura de servicios TIC. A pesar de que este índice no tiene aplicación en todo el territorio nacional, su importancia radica en que el Ministerio de la Información y las Comunicaciones priorizará de manera positiva a aquellas entidades territoriales que hayan levantado tales barreras, pues podrá incluirlas en un listado de potenciales candidatos de ser beneficiados con las obligaciones de hacer que el Ministerio puede imponer a los proveedores de redes y servicios de telecomunicaciones móviles, como mecanismos de ampliación de cobertura de servicios de telecomunicaciones, según el artículo 193 de la Ley 1995 de 2019.

Para cumplir con el levamiento de esas barreras los alcaldes podrán promover las acciones necesarias para implementar la modificación de los POT y demás normas que contengas barreras para el despliegue de infraestructura para la prestación del servicio de telecomunicación. No obstante, esto no podrá desconocer o transgredir el contenido de los determinantes, pues su capacidad de acción se ve limitada, de ahí que sea necesario analizar con rigurosidad los usos del suelo permitidos en esa porción del territorio. Sin duda, la ampliación de la cobertura del servicio beneficiará a la población vulnerable de las zonas apartadas del país, pues la pretensión es masificar el acceso universal a internet en todo el país[22].

Lo primero que debe advertirse es que la infraestructura digital es un presupuesto básico para la garantía de otros derechos y para superar las brechas de desigualdad, pero su ausencia es un detonante de

demia de COVID-19?". 2020. Tomado de la Sentencia SU- 032 de 2022 de la Corte Constitucional.

22 Corte Constitucional, Sentencia C-415 de 2020.

su vulneración de derechos. Un ejemplo que representa esta realidad se encuentra en el sector educativo durante la pandemia, porque la falta de cobertura a internet por la ausencia de infraestructura y de equipos de cómputo provocó un tratamiento desigualdad entre los estudiantes de los municipios con una infraestructura eficiente y recursos económicos para adquirir las herramientas necesarias.

La planeación de la infraestructura en cualquier territorio requiere de un análisis del uso del suelo, la elaboración de estudios técnicos y de modelos prospectivos de ciudad, toda vez que no pueden establecer infraestructura sin objetivos claros de la visión de ciudad que se pretende alcanzar. El reemplazo de instrumentos analógicos y físicos debe estar claramente inventariado para evitar detrimentos patrimoniales en la transición de estos procesos, por lo que deben intervenir de manera ordenada las personas que custodian estos bienes.

En igual sentido, la implantación de sistemas de internet de las cosas no puede ser sorpresiva para los ciudadanos, ni puede implicar la imposición de consecuencias jurídicas negativas que desconozcan el debido proceso. Los ciudadanos deben conocer de antemano el uso de este tipo de herramientas para la consecución de una función administrativa determinada y los alcances que la utilización de estos sistemas puede tener. El uso indebido de los medios tecnológicos tiene un alto potencial de trasgredir los derechos, por lo que el principio de transparencia de la administración pública adquiere un valor trascendente en el uso de la infraestructura digital orientada para el cumplimiento de los fines estatales.

Hacer pública la utilización de los medios tecnológicos para el desarrollo de funciones administrativas les garantiza a las personas y autoridades la posibilidad de ejercer control sobre ellos, por lo que el uso de estas herramientas debe tener objetivos claros y conocidos por la comunidad.

Al respecto, la Corte Constitucional en Sentencia C-038 de 2020 estableció que los sistemas de detección automáticos de infracciones de tránsito no pueden pretermitir el debido proceso y realizar juicios de responsabilidad sancionatorios automáticos sin garantizar la imputación personal y acreditar la culpabilidad del presunto infractor, porque desconocería el principio de responsabilidad personal. No resulta constitucionalmente admisible que se imponga una sanción de carácter administrativa, por el solo hecho de ser dueño de un vehículo, sin haberse acreditado la culpa del propietario[23]. Lo anterior, para evitar que las autoridades evadan la obligación de identificar al infractor y que se impute responsabilidad a una persona que no tuvo ninguna relación con la infracción investigada[24].

La puesta en funcionamiento de la infraestructura digital trae consigo debates jurídicos de fondo, porque la indebida utilización de ella puede trasgredir derechos y generar escenarios de responsabilidad objetiva en materia sancionatoria. Los riesgos de la indebida utilización de los sistemas deben mitigarse con una relectura del derecho de debido proceso, que debe armonizarse con el uso de los medios tecnológicos y bajo una interpretación flexible y prospectiva de los impactos que puede llegar a causar en el ejercicio de los derechos fundamentales.

Una lectura garantista de la utilización de la tecnología no puede tildarse como una interpretación regresiva o conservadora, por el contrario, la utilización de instrumentos tecnológicos sirve para el cumplimiento de las funciones públicas de manera eficiente y expedita. En el caso de las fotos multas, las imágenes y videos obtenidos sirven como un medio probatorio valido respecto de las circunstancias de hecho y para determinar las placas de vehículo infractor, sin

---

23 Corte Constitucional, Sentencia C-321 de 2022. *"La Corte señaló que la disposición objeto de análisis se encontraba conforme al derecho a la presunción de inocencia, porque la sanción al propietario no podrá imponerse de manera automática y por el sólo hecho de que se hubiese expedido un comparendo, sino que, la responsabilidad del propietario deberá probarse y establecerse al interior de un proceso administrativo contravencional, al que debe ser vinculado el propietario y que debe surtirse en cumplimiento de las garantías propias del debido proceso. Asimismo, indicó que la disposición se encontraba conforme al principio de responsabilidad personal porque la causa de la posible sanción es una omisión imputable al propietario del vehículo que es que este incumpla, de manera culpable, con la obligación de velar porque el vehículo de su propiedad circule conforme a las condiciones previstas en los literales a, b, c, d, y e de la disposición. //Adicionalmente, la Corte explicó que al establecer la obligación al propietario de velar porque el vehículo de su propiedad circule dando cumplimiento a la condiciones señaladas, concreta y materializa la función social y ecológica de la propiedad, de conformidad con lo consagrado en el artículo 58 de la Constitución Política, ya que garantiza que estos circulen en cumplimiento de las condiciones jurídicas, técnicas y fácticas necesarias para promover la protección del medio ambiente y la seguridad de los transeúntes, conductores y pasajeros".*

24 Corte Constitucional, Sentencia C-530 de 2003.

embargo, ello no satisface la carga probatoria estatal en cuanto a la identificación de la persona que realizó el comportamiento tipificado[25], por lo que las autoridades deben esforzarse por complementar las condiciones de modo, tiempo y lugar en que la persona cometió la presunta infracción atribuida en su contra.

Existe una clara relación entre la planeación de las ciudades, la superación de la desigualdad tecnológica y la infraestructura digital, porque la puesta en funcionamiento de estos conceptos envuelve la garantía y protección de derechos, así como un posible escenario de su afectación. La infraestructura digital no puede valorarse desde un solo ángulo, sino que es necesario interpretar los efectos que puede tener en el desarrollo de los territorios.

En Colombia, algunas entidades territoriales han mostrado interés por la implementación de las ciudades inteligentes, sustentados en que los modelos tradicionales de ciudad no responden de manera contundente a los problemas de urbanización y a la densidad poblacional, por lo que resultaría más eficiente para detectar dificultades y proponer soluciones la utilización de las TIC´s a partir de la visión holística del concepto de ciudad inteligente:

> "Esta comprensión se logra a través del análisis mismo de los datos y la información de la misma ciudad. Entonces, la base de la ciudad inteligente es la generación de datos de valor que se convierten en información (veraz, oportuna y confiable), la cual, luego de ser recolectada y analizada, a través de servicios de interoperabilidad que permiten el intercambio y la compartición de datos entre las múltiples fuentes. Esta información es utilizada en los procesos de toma de decisiones, por medio de big data y análisis de datos y en la generación de servicios que dotan a las ciudades de la capacidad de entender, comprender y resolver sus problemas. Por ejemplo, los gobiernos locales y/o territoriales recopilan y administran grandes cantidades de datos que en general están geolocalizados, lo que permite focalizar las decisiones según las necesidades de cada localidad.
>
> *El modelo tradicional de operación de las ciudades se encuentra orientado hacia la funcionalidad del servicio mismo, no alrededor de las necesidades de los usuarios, separando los diferentes servicios como silos aislados y dejándole la carga de interoperabilidad al ciudadano, con sistemas cerrados y con pocas posibilidades de interacción, esto puede generar ineficiencias y menores posibilidades de adaptación a los cambios de la ciudad"*[26].

---

[25] Corte Constitucional, Sentencia C-038 de 2020.

[26] DNP, Documentos de recomendaciones para el desarrollo de ciudades y territorios inteligentes de 30 de octubre de 2020, p. 18 y 19.

En concordancia, la forma de recopilación, intercambio y utilización de los datos de la ciudad se convierte en el objeto central para la toma de decisiones. Bajo este escenario, la administración pública adquiere un papel principal, porque la interoperabilidad de la información radica en su cabeza y no en el ciudadano, aspecto que permite que los servicios sean diseñados con un enfoque hacia los usuarios.

La interoperabilidad de datos "*es un elemento clave ya que es el factor habilitante que permite que la información generada por las diferentes fuentes (públicas y privadas) sea accesible de forma transparente y a que esta se pueda utilizar de una forma holística en el camino hacia una gobernanza inteligente. Esta interoperabilidad también contempla aquellos servicios que para su despliegue puedan requerir de información de varias ciudades y territorios*[27]". Esto permite la sinergia entre los diferentes niveles de gobierno y administración, pues este elemento habilitante no solo se da en una escala interna, sino supramunicipal, que potencializa la autonomía y la coordinación territorial, pues al interpretar la información desde una dinámica regional se puede utilizar para una multiplicidad de propósitos comunes entre las entidades territoriales.

La interoperabilidad es crucial para garantizar la interacción de todos los actores y que la información que intercambia sea para garantizar los mejores estándares a los ciudadanos de los servicios públicos y digitales, así como de otras funciones administrativas asociadas a cada ámbito del territorio. Sin duda, la "*información es el nuevo núcleo de las actividades del Estado, como en el caso de las empresas y los individuos, cuya creciente tendencia a generar, almacenar y transmitir información digital requiere tomar conciencia de la confidencialidad, la integridad y la autenticidad necesarios de los datos*[28]".

La democratización de la información es esencial para la construcción de la sociedad, por lo que cualquier limitación o restricción de orden económico, jurídico o político al acceso a la información por medios tecnológicos supone una limitación que impacta el ejer-

---

27 DNP, Documentos de recomendaciones para el desarrollo de ciudades y territorios inteligentes de 30 de octubre de 2020, p. 27.

28 Daniel Peña Valenzuela, "La Sociedad de la información y la transformación digital" en *Las TIC y las Sociedad Digital. Doce años después de la ley. Tomo II Ecosistema digital en sus distintos desarrollos y las tecnologías disruptivas*, Universidad Externado de Colombia, 2021, p. 63.

cicio de otros derechos. Es así como el modelo de ciudad inteligente propende por una ciudad de datos abiertos y donde la interoperabilidad es un componente esencial del desarrollo de las funciones administrativas.

El cruce de datos o información sirve para hacer efectiva la aplicación de una decisión administrativa, que permite dirigir la ejecución de decisiones a la población específica que pretenden impactar. Este tipo de información puede extraerse de bases de datos públicas o privadas, pero la interoperabilidad le corresponderá a la administración pública y no a los ciudadanos, para que puedan adoptarse decisiones a la medida y con información veraz y actualizada. El proceso de relacionamiento de datos no es una carga que deban soportar las personas.

Un ejemplo que destacó el DNP fue el programa de ingreso solidario en que la entidad estructuró una base de datos maestra con información de los potenciales beneficiarios del Sisbén, obtenida de entidades públicas y privadas, pues contó con la ayuda de entidades bancarias y operadores de telefonía móvil, para detectar con claridad las personas que realmente podrían ser beneficiarios del programa. Aunque en estos macroprocesos de recopilación de información existe un margen de error, la importancia de estas herramientas permite impactar de forma directa a la población que requiere medidas para superar la pobreza y garantizar la subsistencia de sus familias.

Por otra parte, desde una perspectiva territorial, el catastro multipropósito es una herramienta de estudio interesante para explicar la manera en que funciona la interoperabilidad, pues en ella se evidencia la interrelación que existe entre las diferentes entidades públicas y la multiplicidad de objetivos. Tradicionalmente el catastro estuvo soportado en un enfoque fiscal, sin embargo, la ausencia de otras perspectivas dificultó la formulación e implementación de políticas públicas, por la falta de integración de otras fuentes de información[29]. Es así como, el catastro multipropósito permite mantener actualizada la información física, jurídica, económica y territorial de todos los predios, de conformidad con el sistema de registro de la propiedad.

---

29 Conpes 3958 de 2019. Estrategia para la implementación de la política pública de castro multipropósito.

No obstante, en Colombia, la información desactualizada y la falta de congruencia entre el catastro y el registro de los bienes inmuebles[30] es un aspecto que compromete la seguridad jurídica, la eficiencia del mercado inmobiliario, el desarrollo, el ordenamiento territorial y la asignación de recursos públicos. A pesar de la existencia del lineamiento de política pública para la incorporación del catastro multipropósito, los problemas de coordinación y articulación interinstitucional son uno de los principales obstáculos, porque los escenarios de discusión son limitados y los actores no tienen un sentido de apropiación claro del instrumento, pues lo siguen percibiendo como un instrumento con una finalidad netamente fiscal[31].

Eso refleja que la interoperabilidad no implica solamente la creación de un sistema digital en que se comparte información para objetivos específicos, pues es necesario que las autoridades creen espacios abundantes de discusión para entender el uso y el alcance de las herramientas que promueven el intercambio de información. No basta con que se disponga de una herramienta, sino que las entidades territoriales perciban las bondades de los instrumentos y que los utilicen para el cumplimiento de las funciones administrativas a su cargo. Impulsar el sentido de pertenencia de las administraciones es esencial y comprender que los enfoques de los instrumentos son más amplios que un componente netamente fiscal sin duda permitirá sacar ventaja de la funcionalidad del catastro multipropósito. Esto implica un mayor aprovechamiento intersectorial de la información y una mejor planeación del territorio.

La integración entre diferentes sistemas de datos impide que se genere duplicidad de la información y que cualquier entidad que consulte la información unificada pueda construir sus decisiones y política públicas a través de datos actualizados, confiables y rigurosamente contrastados. En el caso del catastro multipropósito, permite que las entidades territoriales puedan conocer con claridad no solo aspectos de orden fiscal, sino temas relacionados con el uso del suelo, el estrato económico, el acceso a los servicios públicos, la pertenen-

---

30 Corte Constitucional, Sentencia SU – 288 de 2022.

31 Conpes 3958 de 2019.

cia al Sisbén, entre otras características, que son indispensables para la toma de decisiones municipales, supramunicipales y nacionales.

La información que se extrae de la puesta en funcionamiento de sistemas interoperables tiene un alto potencial, por los diferentes usos que pueden darles las entidades territoriales, sin embargo, la utilidad de la información debe estar destinada a cumplir finalidades estatales. La obtención de esos datos no puede tener un propósito desviado o malintencionado que defraude la confianza de la fuente originaria de la información.

De hecho, se resalta que el catastro multipropósito pretende integrar información completa sobre los predios para conocer temas relacionados con los "*interesados, derechos, restricciones y responsabilidades, y unidades espaciales y administrativas. Además, dicha integración, de acuerdo al principio de independencia legal, permite que el catastro multipropósito, como mínimo, cruce la información jurídica de registro, las restricciones y responsabilidades ambientales, la delimitación de los bienes fiscales patrimoniales y de los bienes privados, la delimitación de resguardos indígenas y tierras de comunidades negras, áreas ocupadas y la tenencia informal del uso de la tierra, entre otros*[32]". Esto supone que la interoperabilidad sirve para delimitar derechos, responsabilidades y competencias administrativas, por lo que el contraste de la información completa, veraz y confiable garantiza un desarrollo eficiente de las funciones administrativas.

Es importante destacar el principio de independencia legal reconocido en el documento Conpes 3859 de 2016 como una buena práctica a nivel internacional en materia de catastro, que permite compartir e integrar la información entre entidades legalmente independientes. Esto ha sido incorporado en normas técnicas internacionales, que permiten ese cruce de información entre diferentes autoridades.

Resulta interesante la forma en que la administración pública adecua su comportamiento a criterios técnicos de orden internacional, pues adopta normas técnicas para el desarrollo de procesos internos y garantizar la idoneidad de la información. Un aspecto tan relevante como la independencia legal representa la legitimidad de

---

32 Conpes 3859 de 2016. Política para la adopción e implementación de un catastro multipropósito rural-urbano.

la información, porque garantiza que las autoridades especializadas en la materia y que tienen más cercanía con la información estén en la capacidad de depurarla para posteriormente compartirla con otras entidades que usarán esos datos para el desarrollo de sus funciones o que estará abierta al público para el desarrollo de actividades económicas privadas.

En sentido estricto, el intercambio de información no es una característica novedosa, sin embargo, su proceso requiere de un preciso desarrollo técnico que garantiza que no habrá duplicidad de información, ni datos incongruentes, es decir, propende por la integridad de la información. Un ejemplo de esta afirmación reside en el artículo 11 del Decreto 2156 de 1970 que establece la conjunción del registro y el catastro, con el objetivo de compartir la información entre las Oficinas de Instrumentos Públicos y las entidades de catastro. A pesar de las múltiples estrategias para mejorar el intercambio obligatorio del registro con el catastro, los problemas no fueron solucionados y por esa razón se expidió la Ley 1579 de 2012, sin embargo, los problemas de interoperabilidad persisten, pues las herramientas tecnológicas tienen deficiencias en la depuración de la información, la cual es incompleta e incierta[33].

La problemática anterior demuestra un gran campo de estudio sobre las deficiencias institucionales en temas de interoperabilidad, que sirven como reflejo de realidades paralelas en otros sectores en que se pretende solucionar problemas históricos a partir de medidas que no son entendidas de manera adecuada por las administraciones públicas o que no hay talento humano especializado para el desarrollo de estas funciones. De este proceso también se destaca la forma en que la propia normativa crea escenarios de transición para reconducir los ejercicios de interoperabilidad, toda vez que las administraciones públicas tienen procesos ineficientes asimilados de manera profunda, lo que requiere de medidas paulatinas de entendimiento.

La fiabilidad de la información y su actualidad adquieren un valor trascendente en una sociedad regida por el constante ruido de noticias y datos que no aportan confianza ni veracidad a los ciudada-

---

[33] Corte Constitucional, Sentencia T-488 de 2014.

nos. Una administración de datos abiertos garantiza la transparencia y el control por parte de la ciudadanía.

De esta manera, el catastro multipropósito es un sistema de información integrado que representa la interoperabilidad de sectores y que tiene por objetivo superar la incapacidad institucional y procedimental en el ejercicio de la función de catastro y registro, que tradicionalmente ha sido incompleta y desactualizada. Esta problemática tiene como origen un contexto de informalidad, los mercados ilegales de tierras y cultivos, entre otros factores socioeconómicos[34], que intentan subsanarse por medio de un sistema de información robusto que garantiza la adopción de medidas administrativas y políticas públicas efectivas en los territorios.

La indebida interoperabilidad de sistemas de información es un detonante de la vulneración de derechos, pues la ausencia de información certera, completa y unificada impide el ejercicio de los derechos de los ciudadanos en el territorio, principalmente, en las zonas más alejadas del país que poseen los datos de un sistema antiguo que no ha sido migrado de manera correcta y, por ende, no ha sido actualizado. Al respecto, la Corte Constitucional en el Auto 40 de 2017 reconoció que "*actualizar y migrar la información existente en el anterior sistema registral sigue siendo una deuda histórica que termina afectando a la actual institucionalidad agraria, la cual en muchos casos se ve obligada a paralizar los procesos agrarios en curso, por carecer de un completo y actualizado sistema de registro que le permita tener claridad sobre la naturaleza de la primera anotación registrada en el Libro Primero (si es que existe)*".

El ejemplo analizado sirve como parámetro de referencia prospectivo de los sistemas de información que pretenden utilizarse en los proyectos de ciudad inteligente, y se resalta la forma en que la indebida interoperabilidad puede trasgredir los derechos de los ciudadanos que requieren de la información para el desarrollo de actividades personales y puede afectar el ejercicio de funciones administrativas por carecer de una información veraz. Las deficiencias de un sistema de información generan hondas repercusiones desde ángulos individuales y colectivos, y más aún cuando se plantea su uti-

---

[34] Corte Constitucional, Sentencia SU-288 de 2022.

lización para el desarrollo de un modelo de ciudad que tiene como consigna la eficiencia y la sostenibilidad.

Debe resaltarse que la interoperabilidad relacionada con la información sobre bienes no tiene el mismo estándar de rigurosidad de aquellos contextos en que el intercambio de información se genera sobre datos personales o sensibles. Esto refleja cómo el tipo de información repercute de manera directa sobre el rol que tiene la administración cuando gestiona la información de determinados datos, pues sus deberes son más estrictos frente a datos personales y sensibles.

La instrumentalización de la tecnología en favor de los objetivos de un territorio debe ser una cuestión pública, que esté a disposición de los ciudadanos, para que ellos puedan ejercer un control, asimismo como los sectores de interés académico y económico. La discusión sobre la utilización de estos instrumentos en la ciudad no puede desplazar a los ciudadanos que no tienen una formación técnica, pues los Estados deben asegurar que la información sea entendible para cualquier ciudadano que puede verse afectado con la medida.

Cualquier política pública relacionada con el internet de las cosas (IoT), *blockchain* e inteligencia o el uso de otras tecnologías que existan o que se creen a futuro debe contar con un lenguaje asertivo e inclusivo para que pueda ser discutida por parte de los ciudadanos que se verán impactados con su utilización. Regular la tecnología no es una tarea sencilla, por su capacidad de evolución constante e innovación de procesos de manera acelerada, por lo que es necesario siempre mirar los impactos de la utilización de estos de manera prospectiva, con prudencia y cautela.

Teniendo en consideración que la información es uno de los ejes centrales de las funciones administrativas, la privacidad y la transparencia son principios cardinales de cualquier modelo de ciudad, porque la utilización de los medios tecnológicos para la planeación, construcción y ejecución de políticas públicas produce nuevos escenarios de potenciales vulneraciones de derechos de índole personal o colectivo.

Por su parte, la analítica y gestión de datos también son ejes habilitantes esenciales en cualquier modelo de ciudad y en especial de la ciudad inteligente, pues la analítica de datos es el factor diferenciador "*entre un proceso de interoperabilidad básico y una iniciativa de ciudad inteligente, ya que es el encargado de entregar evidencia en los datos para la toma de decisiones o el diseño de nuevas soluciones pensadas para los ciudadanos*[35]". La administración no puede obtener y recopilar información sin un propósito específico, sino que es necesario conseguir los datos de un territorio para la generación de decisiones eficientes y novedosas que permitan resolver problemáticas territoriales o de cualquier índole que afecte la calidad de vida de los habitantes.

La analítica de datos funciona como la motivación de una decisión o medida administrativa, pues brinda los cimientos para la adopción de políticas públicas a partir de los datos que genera el territorio. De esta manera, al considerar "*la ciudad de una forma holística se tiene la posibilidad de tomar mejores decisiones para favorecer la calidad de vida de las personas y promover ejercicios de construcción colaborativa de la ciudad con los ciudadanos*[36]". Esto comporta una construcción colectiva de las decisiones, porque les permite a los ciudadanos participar en la resolución de problemáticas.

La puesta en funcionamiento de estos ejes habilitantes exige rigurosos estándares de seguridad y privacidad de la información desde los componentes de orden físico o hardware hasta los mismos datos obtenidos de los sistemas de información, ya que protegen "*el principal recurso de una ciudad inteligente, la información*[37]".En ese sentido, "*la ciudad o territorio deben comprometerse a ser abierta y transparente sobre el "quién, qué, dónde, cuándo, por qué y cómo" de la recopilación, transmisión, procesamiento y uso de datos. Una de las tecnologías esenciales para el desarrollo e implementación de una ciudad Inteligente es el Internet de las Cosas, la cual se encarga de recolectar grandes cantidades de datos que posteriormente pueden ser procesados por tecnologías como inteligencia artificial, por lo que la gestión de este tipo de datos recopilados por los dispositivos de IoT se vuelven claves para una ciudad y es determinante para avanzar en la toma de decisiones y el desarrollo y seguimiento de programas y estrategias de ciudad*[38]".

---

35 DNP, Documentos de recomendaciones para el desarrollo de ciudades y territorios inteligentes de 30 de octubre de 2020, p. 28.

36 DNP, Documentos de recomendaciones para el desarrollo de ciudades y territorios inteligentes de 30 de octubre de 2020, p. 28.

37 DNP, Documentos de recomendaciones para el desarrollo de ciudades y territorios inteligentes de 30 de octubre de 2020, p. 28.

38 ANEXO Principio de ciudades inteligentes / tecnologías avanzadas propuestos por el Centro para la Cuarta Revolución Industrial (4IR) p. 39

En el modelo de ciudad inteligente, el derecho al habeas data se sitúa en un escenario de mayores impactos, pues la utilización de sistemas digitales públicos o privados para la obtención de datos personales se aumenta de manera exponencial, lo que implica una potencial interferencia en el derecho a la privacidad, intimidad y otros derechos asociados de las personas.

El artículo 15 constitucional establece el contenido del derecho al habeas data en que faculta a las personas a conocer, actualizar y rectificar la información recogida en banco de datos y en archivos por entidades públicas y/o privadas. También, somete a los procesos de recolección, tratamiento y circulación de datos al respeto de la libertad y demás garantías establecidas en el texto constitucional. Esta disposición adquiere mayor sentido bajo la sociedad de la información y en un contexto donde su alcance es globalizado, en que cualquier persona pueda circular datos con una libertad exponencialmente superior a épocas anteriores[39].

El ordenamiento jurídico colombiano por medio de leyes estatutarias ha desarrollado el contenido y la protección del derecho al habeas data. El legislador ha regulado de forma especifica el tratamiento de datos financieros, aspecto que demuestra un marco normativo sectorial. Ha creado un régimen general de tratamiento de datos personales consagrado en la Ley 1581 de 2012, que establece un sólido marco normativo en la materia que guía el comportamiento de las entidades públicas y privadas, pero no es exhaustivo, porque nada impide que se creen otras normas con fuerza de ley que desarrollen el tratamiento de datos de otros sectores.

El artículo 3 de la Ley 1581 de 2012 identifica los sujetos que participan en la administración de datos personales, entre ellos, el encargado del tratamiento, el responsable del tratamiento que decide sobre la base de datos y/ o el tratamiento y el titular de los datos personales. También define con claridad qué se entiende por tratamiento de datos que consiste en cualquier operación o conjunto de

---

39 Daniel Castaño, Nudge + código. Una arquitectura digital para el precedente judicial, en "Las trasformaciones de la administración pública y del derecho administrativo. Universidad Externado de Colombia", Universidad Externado de Colombia, 2020.

operaciones sobre datos personales, tales como la relación, almacenamiento, uso, circulación o supresión.

Los ciudadanos deben estar en la capacidad de comprender la razón por la cual se utiliza un sistema de información e identificar los fines legítimos que se persiguen con esa medida. Entender la finalidad por la cual se obtienen los datos garantiza la transparencia en su proceso de recopilación, trasmisión, procesamiento y utilización, pues sirve como parámetro de medición de los alcances que tiene esa información. Cualquier finalidad desviada o alejada al interés legítimo perseguido genera una alerta de la posible vulneración de derechos personales y de la defraudación del interés colectivo que se pretendía materializar. Esto materializa el principio de finalidad del literal b del artículo 4 de la Ley 1581 de 2012, razón por la cual, el titular debe tener coincidencia suficiente del motivo por el cual suministra su información personal.

Es importante que la información que se obtenga de la infraestructura digital y de los usuarios de plataformas digitales pueda clasificarse de conformidad con los criterios establecidos en la ley, que distingue entre información pública, semiprivada, privada y reservada. Se hace énfasis especialmente en que los datos personales deben tener el carácter de privado, para evitar una divulgación no autorizada y una violación a la privacidad e intimidad de los ciudadanos que otorgan la información.

El manejo de la información le impone a la administración unos deberes especiales a lo largo de las diferentes instancias en que puede usarse, entre ellos, se destaca la obligación de mantener el anonimato de la fuente principal antes de publicar los resultados de los datos obtenidos. Asimismo, el tiempo en que ese tipo de información puede reposar en la base de datos diseñada para una finalidad específica, no puede conservarse para fines distintos y desconoce la persona que de forma voluntaria decidió dar la información. Por lo tanto, la eliminación de la información se impone como un deber de protección y respeto hacia los ciudadanos que decidieron brindar aspectos personales de su vida.

El principio de libertad del literal c del artículo 4 de la Ley 1581 de 2012 supone que las entidades públicas o privadas solo podrán ejercer el tratamiento de los datos personales con el consentimiento, previo, expreso e informado del titular. Existe una prohibición de obtener o divulgar los datos sin previa autorización o ausencia de mandato legal o judicial que releve el consentimiento.

En consecuencia, por regla general no se pueden tratar los datos personales de los ciudadanos sin su consentimiento. No obstante, el artículo 10 de la Ley 1581 de 2012 consagró los supuestos en que no era necesaria la autorización, entre ellos, se destaca la información requerida por una entidad pública o administrativa en ejercicio de funciones legales, casos de urgencia médica o sanitaria e información autorizada por la ley para fines históricos, estadísticos o científicos.

Esta disposición fue estudiada por la Corte Constitucional en Sentencia C-748 de 2011, que exaltó la relación entre la legitimidad de la información y su autorización voluntaria. Se aclaró que no en todas las situaciones debía solicitarse el consentimiento de los ciudadanos por temas asociados a la seguridad nacional, el orden público, la salud pública, entre otros, siempre que tales excepciones se consagren de manera específica en la ley.

En relación con el requerimiento de información por parte de una autoridad administrativa en ejercicio de sus funciones legales, la Corte Constitucional en la Sentencia C-748 de 2011 señaló:

> "que tal facultad "no puede convertirse en un escenario proclive al abuso del poder informático, esta vez en cabeza de los funcionarios del Estado. Así, el hecho que el legislador estatutario haya determinado que el dato personal puede ser requerido por toda entidad pública, bajo el condicionamiento que la petición se sustente en la conexidad directa con alguna de sus funciones, de acompasarse con la garantía irrestricta del derecho al hábeas data del titular de la información. En efecto, amén de la infinidad de posibilidades en que bajo este expediente puede accederse al dato personal, la aplicación del precepto bajo análisis debe subordinarse a que la entidad administrativa receptora cumpla con las obligaciones de protección y garantía que se derivan del citado derecho fundamental, en especial la vigencia de los principios de finalidad, utilidad y circulación restringida".

Las autoridades no pueden abusar del poder informativo, porque cualquier excepción al consentimiento del titular debe estar debidamente sustentada en una norma de rango legal que la justifique y bajo criterios respetuosos del alcance de los datos recolectados. Debe garantizar que realmente exista una vinculación entre el requerimiento de la información con el desarrollo de una competencia y que las entidades públicas o privadas en ejercicio de funciones administrativas garanticen los estándares del tratamiento de datos personales.

En este escenario, el principio de legalidad se activa de manera potente, porque debe confirmarse la consagración de una competencia específica consagrada en el ordenamiento jurídico y el cumplimiento de los estándares de protección del tratamiento de la información personal, entre ellos:

> "(i) guardar reserva de la información que les sea suministrada por los operadores y utilizarla únicamente para los fines que justificaron la entrega, esto es, aquellos relacionados con la competencia funcional específica que motivó la solicitud de suministro del dato personal; (ii) informar a los titulares del dato el uso que le esté dando al mismo; (iii) conservar con las debidas seguridades la información recibida para impedir su deterioro, pérdida, alteración, uso no autorizado o fraudulento; y (iv) cumplir con las instrucciones que imparta la autoridad de control, en relación con el cumplimiento de la legislación estatutaria[40]".

Las autoridades en desarrollo de funciones administrativas no pueden imponerles a los ciudadanos la obligación de suministrar sus datos personales sin que exista una justificación legal y legitima que la soporte, porque ello supondría el abuso del poder informático, que sin duda compromete el ejercicio de otros derechos relacionados.

Respecto de los datos personales en caso de urgencia médica y sanitaria, la ausencia de autorización debe justificarse únicamente en escenarios de real urgencia, por lo que debe valorarse con rigurosidad el alcance del levantamiento de la garantía de libertad. La autoridad debe argumentar cuando *"no sea posible obtener la autorización del titular o resulta particularmente problemático gestionarla, dadas los apremios, riesgos o peligros para otros derechos fundamentales, ya sea del titular o de terceras personas*[41]". La ausencia de consentimiento no es la regla general, sino la excepción y debe estar ampliamente justificada para evitar una trasgresión de derechos individuales o colectivos. En todo caso, el uso de esos datos se encuentra sometido a los demás principios y limitaciones establecidos en el ordenamiento jurídico, pues *"jamás podría interpretarse como una autorización abierta para que se accedan a datos personales sin consentimiento de su titular*[42]".

---

40 Corte Constitucional, Sentencia C-748 de 2011.

41 Corte Constitucional, Sentencia C-748 de 2011.

42 Corte Constitucional, Sentencia C-748 de 2011.

Así las cosas, antes de que una entidad intercambie información "*sensible, privado o confidencial fuera de la agencia/oficina de la ciudad o territorio de origen, la agencia/oficina debe asegurar el uso de datos anónimos o agregados y que se hayan implementado las protecciones adecuadas para preservar la confidencialidad de los datos*[43]". Estas obligaciones deben cumplirse de manera rigurosa para evitar la vulneración de derechos y el inicio de procesos de responsabilidad estatal por incumplimiento de estos deberes.

Una vez decodificada la información bajo los estándares de seguridad y confidencialidad, las entidades estatales deben garantizar su apertura al público a través de medios digitales, que permitan su utilización por los diferentes actores de la sociedad y ámbitos de la ciudad, para que puedan proponerse medidas de carácter administrativo, políticas públicas y la adopción de nuevos instrumentos económicos eficientes. Para cumplir con este propósito, la administración debe brindar las herramientas técnicas necesarias para que pueda conocerse su contenido y así impedir que factores técnicos obstaculicen el acceso a esa información.

La seguridad y la confidencialidad son pilares de la sociedad de la información, por lo que un modelo de ciudad requiere un complejo sistema de control y prevención de riesgos de los datos que suministran las personas en sus actividades cotidianas. Asimismo, debe construirse con fundamento en la protección de la vida e integridad de la persona, es decir, a partir de una lectura de derechos humanos.

Esto implica que "*en ningún caso, un algoritmo debe llevar a un resultado que ponga en riesgo la integridad de un ser humano. Las decisiones más trascendentales solo pueden ser tomadas por seres humanos, y, en cualquier caso, los algoritmos servirán como modelos de guía en la toma de decisiones que los humanos tomen frente a la vida e integridad de otros (ejemplo: sector saludo o sector de seguridad nacional)*[44]". Este es un postulado indeterminado, porque la definición del concepto de una decisión trascendental requiere un análisis de conveniencia, legalidad e intereses prioritarios de una situación concreta o particular.

---

43 ANEXO Principio de ciudades inteligentes / tecnologías avanzadas propuestos por el Centro para la Cuarta Revolución Industrial (4IR) p. 38.

44 Armando Guio Español, op. cit. p. 28

La discrecionalidad administrativa bajo este entendimiento cobra relevancia, porque el carácter de decisión trascendental debe estar determinado por una realidad pretende impactar con la materialización de las funciones administrativa.

La forma en que debe custodiarse la información debe estar soportada en un proceso descentralizado de la información, para disminuir la susceptibilidad de ataques cibernéticos, pero sin que esto suponga la dispersión del contenido de la información o su fragmentación. Centralizar la información tiene un alto riesgo de interferencia de la privacidad de las personas, toda vez que resulta más fácil y efectivo rastrear la identidad de las personas naturales y jurídicas que otorgaron su información. Por esta razón, es más seguro resguardar la información de manera descentralizada.

La centralización de datos personales tiene un riesgo mayor que está asociado con el perfilamiento de los ciudadanos cuando se mezclan diferentes fuentes de datos, que pueden tener propósitos o finalidades desviadas y esconder intereses perversos de sectores económicos o políticas públicas sesgadas. La administración pública debe orientar su acción a partir de la razón por la cual adquirió la información, bien sea que provenga de sistemas públicos o privado pero siempre conservando la confidencialidad y respetando la privacidad de las personas.

Cualquier copia de la información original debe asegurar su fidelidad y que no sea alterada. Esto implica el uso de protocolos y estándares de seguridad por parte de la administración, aspecto que en ocasiones puede generar contradicciones entre los diferentes criterios de seguridad que existen para manejo de determinada información, caso en el cual debe establecerse un criterio de prevalencia, que debería orientarse bajo dos aspectos: el que tenga mayores garantías de protección de la información y el que sea más adecuado para el fin que se persigue la utilización de esos datos.

Respecto de las copias deben crearse métodos que permitan la comparación de la información y que den claridad en la trazabilidad histórica del documento original. Teniendo en cuenta la temporalidad de las bases de datos, es sumamente relevante que se establezcan de forma expresa los criterios para eliminar las copias de manera permanente.

En torno a la gestión de la información surge una infinidad de debates técnicos y éticos, porque las entidades deben crear mecanismos para mantener la objetividad y la neutralidad en la recopilación, decodificación y utilización de la información en todo momento. No obstante, en la práctica, la manera en que se disponga el sistema para obtener la información y la forma en que se creen los algoritmos que depuraran la información en resultados específicos puede traer consigo escenarios de discriminación sutiles o sesgos de cualquier índole que contaminen la muestra de datos en cuestión, lo que a su vez puede acarrear la toma de decisiones jurídicas y políticas equivocadas.

Las administraciones deben asegurarse de que *"todos los conjuntos de datos deben verificarse para detectar sesgos geográficos, sociales o impulsados por el sistema (por ejemplo, diferencias geográficas en la participación cívica) y otros problemas de calidad. Cualquier factor de sesgo debe registrarse y proporcionarse con el conjunto de datos y corregirse cuando sea posible*[45]". Deben crearse mecanismos de detección de sesgos en la información y verificarse que la construcción del instrumento no produzca errores sobre un grupo poblacional determinado, que invisibilice sus necesidades y dificultades, pues esto contribuiría con la perpetuación de la desigualdad desde diferentes enfoques.

A partir del análisis de los deberes a cargo de las autoridades y los derechos de los ciudadanos que de manera voluntaria deciden brindar su información personal, resulta importante traer a colación la Sentencia T-143 de 2022 de la Corte Constitucional en que unas ciudadanas demandaron la presunta violación de los derechos al habeas data, la libertad de locomoción, la unidad familiar y la privacidad, por haber sido obligadas a descargar y usar la aplicación *CoronApp* para acceder al servicio público de transporte aéreo, a pesar de que la normativa establecía el uso voluntario de la aplicación.

La Corte Constitucional declaró la carencia actual de objeto por hecho superado porque la Resolución 1517 de 1 de septiembre 2020, proferida por el Ministerio de Salud, que expidió el protocolo de bioseguridad para los sectores aeroportuarios y aeronáuticos del territorio nacional, y en su anexo técnico contempló el uso de la aplicación digital y la recomendación de su descarga, fue derogada por las resoluciones 411 de 29 de marzo de 2021 y 777 de 2 de junio,

---

45 ANEXO Principio de ciudades inteligentes / tecnologías avanzadas propuestos por el Centro para la Cuarta Revolución Industrial (4IR) p. 38.

que eliminaron como medida de bioseguridad lo relacionado con la descarga y uso de la aplicación. Sin embargo, respecto de la supresión de datos personales que solicitaron las accionantes, la Corte de manera preventiva les ordenó a las entidades responsables del tratamiento de datos de la aplicación digital resolver la solicitud de supresión de datos.

A pesar de que la Corte Constitucional declaró la carencia actual de objeto, se pronunció sobre el alcance del derecho al habeas data y se refirió a las obligaciones a cargo de las autoridades estatales respecto del tratamiento de datos personales. De este caso se extraen debates jurídicos interesantes que resultan relevantes para el objeto de estudio de la presente investigación.

En primer lugar, la discusión que planteaba el caso de fondo residía en la posibilidad que tiene la administración o las entidades privadas que ejercer funciones administrativas para exigir el uso obligatorio de una aplicación digital o herramienta tecnológica para acceder a un servicio o ejercer un derecho. Esta problemática debe valorarse con mucha rigurosidad y cautela para evitar el abuso de la autoridad al recopilar información para usos ilegítimos o injustificados, toda vez que el principio de libertad implica que los ciudadanos pueden entregar de manera voluntaria la información, salvo los casos exceptuados expresamente por el ordenamiento jurídico.

La administración ni los particulares que ejercen funciones administrativas pueden obligar a un ciudadano a entregar sus datos personales para acceder a un servicio o para ejercer cualquier derecho, sin que exista una justificación de rango legal o razones excepcionales que estén relacionadas con la imposición de una obligación de ese tipo, que deberá tener una argumentación suficiente, razonable y justificada.

En un contexto como el latinoamericano en que los índices de analfabetismo son altos y el acceso a la tecnología en muchas zonas es un privilegio, resulta injustificada la imposición de este tipo de obligaciones, pues no es una región con las mismas habilidades digitales de otros países, ni tampoco capacidad económica que destine mayoritariamente recursos para superar esta deficiencia.

Incluso, en circunstancias excepcionales como la pandemia por el Covid, las autoridades y prestadores de servicios públicos no podían desconocer el habeas data, ni imponer obligaciones que carecen de respaldo legal. El abuso del poder informático se controla también en tiempos de anormalidad, para evitar que el uso obligatorio de sistemas digitales de información se convierta en un obstáculo para el ejercicio de derechos.

Teniendo en consideración las potenciales afectaciones al derecho al habeas data y otros derechos relacionados. La única forma en que podría exigirse el suministro de información personal para acceder a un servicio o ejercer un derecho debería estar consagrado en una norma de rango legal con fuerza de ley, clara, previa y expresa sobre los alcances de esa competencia. Esto supone el carácter específico de la norma y su carácter restrictivo, por lo que no podrían hacerse analogías frente a supuestos no contemplados en la ley, ni interpretaciones por parte de las autoridades o prestadores de servicios públicos que excedan el poder informático que poseen. La obligatoriedad de este tipo de aplicaciones o instrumentos tecnológicos debe ajustarse a un juicio de proporcionalidad estricto.

En aquellos eventos en que no exista un fundamento legal para exigir la obligatoriedad de una aplicación o instrumento digital debe garantizarse el máximo respeto de la voluntariedad y el consentimiento informado. Las medidas que se adopten no pueden tener una apariencia de legitimidad, cuando de manera implícita en la práctica se impone como un requisito obligatorio para ejercer un derecho o acceder a un servicio, puesto que esto sí representa una vulneración del derecho al habeas data y de los derechos relacionados en cada caso concreto. Debe asegurarse que el ciudadano tenga una alternativa para realmente decidir de manera voluntaria si otorgar o no sus datos personales, pues de lo contrario estaríamos en presencia de un consentimiento viciado o coaccionado por la necesidad que tiene la persona de ejercer un derecho o usar un servicio.

Las autoridades y los particulares que ejercen funciones administrativas deben actuar de conformidad con el carácter voluntario de suministro de información. Esto comporta que las políticas y medidas que se adopten no pueden ser ambiguas en cuanto al carácter de la voluntariedad, ni tampoco pueden tener una apariencia de legitimidad, pues se reitera que solo en casos excepcionales no se requiere la autorización del titular y deben estar expresamente autorizadas por el ordenamiento jurídico. Este es un parámetro de control de los responsables del manejo de datos y la forma en que puede detectarse un abuso de dicho poder. Por lo tanto, los deberes de abstención se activan de manera potente, para evitar vulneraciones de derechos y el perfilamiento de los ciudadanos.

La voluntariedad para descargar aplicaciones digitales no puede disfrazarse en la práctica como una exigencia que la autoridad solicita al momento de ejercer un derecho o prestar un servicio público, pues esto desconocería la legitimidad de la medida y una trasgresión del principio de libertad en el marco del tratamiento de datos. El consentimiento no puede viciarse a partir de la configuración de una amenaza sobre un derecho o la prestación del servicio, pues supondría el desconocimiento del consentimiento informado.

En segundo lugar, los mecanismos de control de las entidades públicas y particulares que ejercen funciones administrativas y que son responsables y/o encargados del tratamiento de datos personales del artículo 15 de la Ley 1581 de 2012 fijan un procedimiento administrativo sumario como mecanismo de defensa de los titulares ante los responsables y/o encargados para elevar reclamaciones de corrección, actualización, supresión o por el incumplimiento de deberes en el tratamiento de los datos personales. Las personas están facultadas a interponer una queja ante la Delegatura de Protección de Datos Personales de la Superintendencia de Industria y Comercio cuando se haya agotado la consulta o reclamo ante el encargado y/o responsable del tratamiento de datos. Asimismo, la acción de tutela funciona como mecanismo subsidiario de protección[46].

En relación con el incumplimiento de deberes por parte de los particulares, la SIC puede adoptar las medidas que sean necesarias para proteger el derecho al habeas data e imponer sanciones, bajo los términos de los artículos 21, 22 y 23. No obstante, cuando la vulneración la comete una autoridad estatal, la competencia sancionatoria se traslada a la Procuraduría General de la Nación para que inicie la respectiva investigación, según el parágrafo 23 de la Ley 1581 de 2012.

Bajo este contexto, la SIC, a pesar de que no puede imponerle sanciones a las autoridades estatales, puede desplegar las medidas necesarias para proteger el derecho al habeas data, facultad que ga-

46 Corte Constitucional, Sentencia C-748 de 2011.

rantiza un real mecanismo de defensa de este derecho y que tiene un amplio margen de acción. Sobre el particular, la Corte Constitucional reconoció que:

> "En punto al tipo de medidas que puede ordenarle la autoridad de protección de datos a la autoridad pública, la Delegatura informó en sede de revisión ante la Corte que, aun cuando no cuenta con facultades de policía administrativa cuando la norma es vulnerada por una entidad de naturaleza pública, en todo caso, conserva frente a ellas las funciones señaladas en el artículo 21 de la Ley Estatutaria 1581 de 2012, razón por la cual, puede ordenarles, entre otras cosas, el acceso, la rectificación, actualización y supresión de los datos personales que esté tratando. La muestra de ello, de acuerdo con la información aportada por la Delegatura, es que la SIC ha impartido al menos 105 órdenes administrativas a entidades públicas nacionales, departamentales y municipales relacionadas con el deber de seguridad consagrado en la ley estatutaria[47]".

Esto evidencia la relevancia que tienen las facultades administrativas de la SIC para asegurar la protección del derecho al habeas data en todos los niveles de administración y gobierno. Sin embargo, se aclara que, a diferencia de lo sostenido por la SIC en su informe, el hecho de que no tenga facultades sancionatorias no implica la ausencia de la actividad de policía administrativa, pues ella no se circunscribe a un tema sancionatorio, sino que comporta la imposición de ordenes de hacer y no hacer para garantizar la protección de un derecho.

La SIC en la práctica ha utilizado esa competencia para ordenar acciones necesarias en cada caso concreto encaminadas a la protección del derecho al habeas data, entre ellas, se exalta la documentación, implementación y monitoreo de una política de seguridad de la información[48], situación que refleja el desconocimiento de muchas

---

47 Corte Constitucional, Sentencia T-143 de 2022.

48 "*La Resolución No. 20995 del 15 de mayo 2020, emitida por la Dirección de Investigación de Protección de Datos Personales de la SIC, en la que ordenó al Fondo de Previsión Social del Congreso de la República que "documentara, implementara, y monitoreara una política de seguridad de la información que contenga medidas técnicas, humanas y administrativas necesarias para otorgar seguridad a los datos personales evitando su adulteración, pérdida, consulta, uso o acceso no autorizado o fraudulento.", decisión que fue confirmada en grado de apelación, a través de la Resolución No. 32866 del 28 de mayo de 2021, por el Superintendente Delegado para la Protección de Datos Personales*". Referencia extraía de la Sentencia T-143 de 2022 de la Corte Constitucional.

entidades del país del orden nacional y territorial sobre el tratamiento adecuado de los datos personales. También ha ordenado la implementación de procedimientos destinados a la supresión y/o eliminación de datos personales asociados con el uso de redes sociales, orientación sexual, entre otros aspectos de los gerentes de entidades públicas[49]. Esta información pertenece al ámbito personal de los servidores públicos y podría utilizarse de manera inadecuada, o con el objetivo de generar perfilamientos que posteriormente servirán como un criterio discriminatorio.

La SIC también ha emitido ordenes relacionadas con la determinación de la lesividad de las medidas que recopilan datos sensibles como los datos biométricos, toda vez que algunas entidades territoriales establecen mecanismos que pueden resultar excesivos e invasivos durante el desarrollo de sus funciones administrativas. Por esta razón, la SIC ha ordenado hacer una verificación de la necesidad de ese tipo de medidas, lo que implica un análisis reflexivo institucional, para determinar la necesidad y razonabilidad de exigir ese tipo de acción. Esto implica que las autoridades deben comprobar la relación que existe entre las medidas y el fin que se persigue, por la potencial afectación que puede causar[50].

---

49 *"La Resolución 28304 del 16 de julio de 2019, emitida por la Dirección de Investigación de Protección de Datos Personales de la SIC, en la que ordenó al Departamento Administrativo de la Función Pública que "(…) adelante los procedimientos necesarios para la supresión y/o eliminación de los datos personales recolectados a través del "Formulario de Gerencia Pública" correspondiente a: i) los links o valores de las redes sociales de las que hacen uso los gerentes públicos para fines específicamente personales (no oficiales); ii) su orientación sexual; iii) su calidad de hombre o mujer cabeza de familia y; iv) su condición de desplazado, almacenados en sus bases de datos.", decisión que fue confirmada en grado de apelación, a través de la Resolución 61017 del 30 de septiembre de 2020, por el Superintendente Delegado para la Protección de Datos Personales".* Referencia extraía de la Sentencia T-143 de 2022 de la Corte Constitucional.

50 *"La Resolución 69434 del 4 de diciembre de 2019, expedida por la Dirección de Investigación de Protección de Datos Personales de la SIC y, modificada en grado de apelación, mediante la Resolución 43761 del 31 de julio de 2020, emitida por el Superintendente Delegado para la Protección de Datos Personales, en la que ordenó al Municipio de Cajibío, entre otras, "(…) proceda a evaluar si el sistema biométrico de la huella dactilar es adecuado, pertinente y no excesivo en relación con la finalidad perseguida por el ente municipal. O, por el contrario, si existen otros*

Las autoridades estatales deben preferir siempre las medidas menos lesivas y hacer un ejercicio mesurado de la necesidad de la medida, así como establecer alternativas para obtener la información que requiere el ejercicio de una función administrativa determinada. La posibilidad de recolectar información personal de otros no debe ser la regla general, sino que deben garantizarse medidas alternativas para el ejercicio de cualquier función, para así evitar el uso indebido de la información. También, debe asegurarse que el tiempo de almacenamiento de los datos no sea perpetuidad, sino que tenga un alcance temporal definido o determinado.

En tercer lugar, la imposición de ordenes de hacer y no hacer a los responsables del tratamiento de datos, con independencia que se haya cambiado el responsable por razones legales, judiciales o contractuales. Esto implica que el traslado de los datos a otra persona jurídica o natural encargado y/o responsable del tratamiento de datos deberá asumir todas sus obligaciones, por lo que se podrán imponer obligaciones para que se garantice el respeto del derecho al habeas data. Es importante diferenciar que la atribución de una negligencia, descuido o transgresión dolosa siempre recaerá sobre la persona que incumplió los deberes en el tratamiento de datos, pero una vez exista un traslado de quien custodia la información, será ella quien se encargue de garantizar la protección del derecho al habeas data y de cumplir con la imposición de medidas que la SIC determine.

A partir de los razonamientos anteriores, se hace evidente que, si el modelo de ciudad inteligente está apalancado en los datos, las autoridades deben garantizar el respeto por el derecho al habeas data y los derechos asociados que pueden conculcarse con el tratamiento inadecuado de la información. Por lo tanto, las entidades territoriales y nacionales tienen que asegurarse de cumplir con el estándar de

---

mecanismos menos lesivos o invasivos para los Titulares, es decir, que no requiera el procesamiento de un dato biométrico, pero que al mismo tiempo, le permitan cumplir con las obligaciones legales a las que ese ente territorial está sujeto. En el evento que el sistema biométrico no sea estrictamente necesario para el fin perseguido, el MUNICIPIO DE CAJIBÍO, CAUCA, deberá implementar un sistema menos lesivo para los derechos y libertades de las personas (...) [y] (...) contar con una alternativa, que no requiera el tratamiento de datos sensibles, en los casos en que los empleados se rehúsen a suministrar su huella en el sistema biométrico.". Referencia extraía de la Sentencia T-143 de 2022 de la Corte Constitucional

protección de datos, principalmente, porque la utilización de aplicaciones digitales e instrumentos tecnológicos constantemente está recopilando información que posteriormente será utilizada para la toma de decisiones en diferentes sectores.

El estándar de protección de datos tiene niveles de protección diferenciales según el tipo de dato que se pretende recolectar, procesar y utilizar, pues existe una distinción respecto de la información sobre bienes, personas o efectividad de políticas públicas. Los deberes de las entidades territoriales se tornan más exigentes y restrictivas de conformidad con la información, por lo que los ciudadanos deben tener claro el propósito de uso de la información y poder verificar que realmente sus datos fueron destinados a esa finalidad estatal, puesto que esto sirve como garantía ciudadana y un mecanismo de control colectivo.

Revelar incidentes de seguridad se convierte en un deber de las personas que manejan datos personales, toda vez que sirve como un mecanismo de alarma para que los ciudadanos puedan ejercer su derecho de solicitar la eliminación o supresión de la información relacionada robada o filtrada a un entorno digital abierto al público. Este deber materializa el principio de transparencia y confianza digital.

En la actualidad, los canales o sistemas digitales por medio de los cuales se comparte información se convierten en una extensión de la personalidad en un espacio digital, que debe estar cubierta por las mismas garantías del mundo físico, porque la susceptibilidad de vulneración de derecho es similar y en muchos casos aumenta su nivel de riesgo, por el impacto que puede tener para acceder a garantías o derechos que definen el estilo de vida de las personas.

La identidad digital segura y la confianza digital son dos conceptos estrechamente ligados, que buscan justamente permitir que las personas puedan desenvolver su personalidad de manera segura por medio de canales digitales. El hecho de que las formas de atacar o vulnerar derechos cambien por el medio que es utilizado no supone la relajación de los estándares de protección del ordenamiento jurídico, sino que por el contrario activa la creatividad de las formas de control y garantía de derechos.

Las entidades territoriales tienen un rol protagónico en la construcción del modelo de ciudad inteligente, por lo que tienen una responsabilidad mayor al momento de utilizar herramientas, mecanismos o sistemas digitales en la materialización de la función de planificación del territorio. Por tal motivo, en el siguiente acápite analizaremos la forma en que el Distrito Capital de Bogotá asumió el concepto de ciudad inteligente en el POT 2021-2035, con un enfoque especial en materia de medio ambiente y hábitat para estudiar las tensiones de derechos que provocan la puesta en marcha de ese modelo de ciudad y los dilemas éticos que podrían enfrentar las administraciones públicas y sectores económicos estrechamente relacionados.

2.3. *Elementos sectoriales de la ciudad inteligente: integración de las dimensiones del territorio*

Como lo advertimos en líneas anteriores las dimensiones de la ciudad son la representación de las áreas funcionales y principales del territorio, por lo que en cada una de ellas se involucran diferentes sujetos, organizaciones, bienes y servicios. Las determinaciones que[*] consagra el POT sobre cada una de las dimensiones impacta de manera directa el ejercicio de derechos, impone obligaciones de hacer y no hacer e impulsa la creación de incentivos sobre algunos espacios del territorio con el objetivo de fomentar el desarrollo territorial.

El anexo 1 de la Resolución 1117 de 2022 que consagró el modelo de medición de madurez de ciudades y territorios inteligentes estableció las dimensiones de medio ambiente y hábitat como pilares funcionales de evaluación para determinar la capacidad de los territorios en desarrollo de las estrategias y proyectos de ciudad inteligente.

Respecto del medio ambiente centró sus parámetros en la gestión ambiental de los territorios desde la protección, preservación, mitigación de riesgos y disminución de impactos negativos ambientales. Por esta razón, consideró 5 subdimensiones principales relacionadas con la gestión de recursos, riesgos, residuos, calidad ambiental y cambio climático.

Por su parte, la dimensión de hábitat se encuentra directamente relacionada con el acondicionamiento estructural y físico de la ciudad para que las personas vivan en condiciones dignas y adecuadas. Los subdimensiones están asociadas a la prestación de servicios públicos, gestión del espacio público, la movilidad e infraestructura inteligente. Esto implica las características básicas o esenciales para que cualquier persona puede desarrollar una actividad económica o proyectos de vida en condiciones dignas.

Los parámetros de valoración señalados fueron creados para la medición de los municipios en la adopción de estrategia y proyectos de ciudad inteligente, pero por sí mismo no contempla un modelo de ciudad inteligente, aspecto que resulta interesante porque no se impone una única visión de este modelo. Esto garantiza la autonomía territorial y un criterio inacabado del concepto de ciudad inteligente. La construcción de este modelo de ciudad se ha generado de manera inductiva, porque no hay un marco general definido que todas las entidades territoriales deban acoplarse, sino que por el contrario se resalta la capacidad creativa e inventivas de ellas.

Con independencia de que a futuro se actualicen, modifiquen o se extingan las dimensiones y subdimensiones señaladas, es importante destacar que es una primera hoja de ruta que permite estudiar en concreto una propuesta de los criterios que componen una ciudad inteligente. Por lo tanto, resulta adecuado contrastar la realidad normativa de las entidades territoriales con estos indicadores para que de forma prospectiva se pueda estructurar un autodiagnóstico solido que sirva en la adopción de proyecto o estratégicas dentro de cada entidad territorial con la visión propia del modelo que de manera autónoma se concibe de ciudad inteligente.

Resulta pertinente estudiar la composición del POT actual de Bogotá que tiene un contenido innovador y sostenible del crecimiento de las ciudades que se ajusta a las tendencias modernas del urbanismo. Se destaca que el modelo de ciudad inteligente que pretende alcanzar no siguió ningún lineamiento especifico o directriz del orden nacional, por lo que esto ratifica la autonomía e independencia que tienen las entidades territoriales en el diseño de los lineamientos de desarrollo territorial innovador, moderno e inteligente. Incluso, el Plan Distrital de Desarrolló adoptado por el Acuerdo 761 de 2020 dentro del enfoque de gobierno abierto, transparente y ciudadanía consciente estableció como meta el posicionamiento del distrito como territorio inteligente a nivel internacional.

Posteriormente, se profirió el Decreto 555 de 2021 que consagró el POT 2021-2035 con una visión a corto, mediano y largo plazo de lo que se pretende que se convierta la ciudad bajo su vigencia. En la parte del componente general de la normativa contempló como principios rectores del ordenamiento territorial de la ciudad la respuesta y adaptación al cambio climático y la construcción de un modelo de ciudad y territorio inteligente a través del ecosistema digital de las TIC mediante la implementación de tecnologías, con la participación activa de la ciudadanía y la creación de soluciones sostenibles e inteligentes en diversas subdimensiones del hábitat como alumbrado público, servicios públicos, movilidad, entre otros[51].

La interrelación y compatibilidad de los planes de ordenamiento territorial y los planes de desarrollo territorial son características esenciales de la construcción de modelos innovadores de ciudad y de políticas públicas modernas. Ambos instrumentos son el reflejo de la autonomía territorial de las entidades territoriales para definir el modelo de ciudad que anhelan sin que el gobierno nacional defina dicho concepto, por lo que es una construcción de abajo hacia arriba, de ahí que el nivel central tome como referencia diferentes estrategias y proyectos como un objeto de estudio para la medición de los criterios de ciudad inteligente.

La coherencia entre los POT y los planes de desarrollo territorial permite la estructuración de políticas hechas a la medida para la realidad territorial de cada entidad y la creación de programas que tienen como objetivo la transformación digital y la gestión de las TIC para un territorio inteligente. Es así como el Consejo Distrital de Política Económica y Social del Distrito Capital profirió el Conpes D.C. 29 de 4 de julio de 2023, por medio del cual se adoptó la Política Pública Bogotá Territorio Inteligente 2023-2032.

El enfoque del modelo de ciudad inteligente de Bogotá también está orientado a resolver problemáticas de la ciudad de forma integrada y eficiente por medio del aprovechamiento de datos, la tecnología, creatividad e innovación desde las diferentes dimensiones de la ciudad. Esto guarda coherencia con la visión holística del modelo de ciudad inteligente, que descarta la introducción netamente de un componente tecnológico para la generación de soluciones, sino que por el contrario contempla una armonización de objetivos y finalidades sectoriales disimiles, pero que comparten el propósito de mejorar las condiciones de vida de los ciudadanos.

Para llevar a cabo la implementación de la política de ciudad inteligente, se incluyó la participación de diferentes entidades distri-

---

[51] Decreto 555 de 2021, artículos 4 numerales 1 y 4.

tales que tendrán el deber, la responsabilidad y corresponsabilidad de ejecutar de manera adecuada dicha política. Se advierte que la ejecución de este tipo de políticas exige la intervención de diferentes actores y sectores que tienen conocimientos técnicos sobre todas las dimensiones del territorio. Esto garantiza la interdisciplinariedad e integralidad de la política a ejecutar.

En el caso de Bogotá, existe un reconocimiento institucional de la insuficiencia de condiciones habilitadoras para implementar el modelo de ciudad inteligente, por lo que en sus instrumentos de planeación se refirió a la inteligencia colectiva de la ciudad. Esto supone la creación de dependencias administrativas que soporten el proceso de modernización e innovación de las administraciones. Por ejemplo, la Oficina de la Alta Consejería Distrital de TIC, que tiene como función principal liderar y dirigir las políticas y directrices en estas materias en los diferentes sectores y entidades distritales.

La creación de nuevas estructuras administrativas en este escenario refleja el ensanchamiento del quehacer administrativo, porque se adaptan nuevas dependencias a las necesidades del carácter innovador y moderno del territorio. Las competencias y funciones que ejercen tienen un papel esencial en la evolución del derecho administrativo, porque plantean dilemas y complejidades normativas que antes no enfrentaban las administraciones.

El rol incipiente de las administraciones locales en la incorporación de las TIC para el desarrollo de sus propósitos en un primer momento se materializó con la creación de zonas de wifi, de infraestructuras de datos abiertos, de planes de conectividad y *"la implementación de analítica de datos para optimizar ayudas a personas víctimas del conflicto, y el desarrollo de las siguientes aplicaciones de ciudad: En Bogotá se Puede Ser", SofiApp, ConectApp, OFB, Cambalachea y moviAPP, entre otras, así como la implementación del ERP distrital*[52]". Este tipo de ejemplos exponen la ductilidad de las TIC a los propósitos de la administración y la importancia de la analítica de datos para segmentar la información y otorgar los beneficios y recursos a las personas que realmente se encuentran en condiciones de vulnerabilidad.

---

52 Conpes D.C. 29 de 4 de julio de 2023, p. 16.

No obstante, se advierte que la incorporación de las TIC no es suficiente, pues es necesario estudiar el trasfondo jurídico que la utilización de estos instrumentos tecnológicos y canales digitales produce en los derechos de los ciudadanos y en la protección de bienes y derechos de carácter colectivo. La discusión no puede restringirse en imponerles a las entidades territoriales la obligación de usar las TIC, sino que es necesario pensar los impactos colaterales que en términos materiales tienen frente a los derechos y la forma de construir la normativa que guiará el modelo territorial planteado por cada entidad.

No existe un consenso claro sobre la forma en que debe regularse la tecnología en particular con los hallazgos obtenidos de la utilización de la inteligencia artificial en el ejercicio de funciones administrativas y judiciales, que ha suscitado debates de carácter ético, filosófico y social[53]. Estas discusiones son de suma importancia por los riesgos latentes que puede provocar en el ejercicio de derechos fundamentales como la intimidad, privacidad, desarrollo de la libre personalidad, entre otros, que pueden resultar vulnerados. Incluso, en Colombia, en agosto de 2023 se radicó un proyecto de ley para establecer los lineamientos para su desarrollo, uso e implementación. También, propone crear la Comisión de Tratamiento de Datos y Desarrollo con Inteligencia Artificial, conformada por los ministros del MinTic, la Procuraduría General de la Nación, el DNP y representante de universidades, que tiene por objetivo avalar los proyectos de uso de inteligencia artificial de forma institucional[54].

Para abordar con mayor concreción estas discusiones, analizaremos las herramientas que las normas de planeación territorial distrital de la capital establecen y los posibles impactos que podrían causar sobre los derechos que se encuentran relacionados. Para tal

---

53 Luisa Fernanda Jiménez Mahecha, "¿Es momento de regular la Inteligencia Artificial en Colombia?", en Asuntos Legales, 10 de abril de 2023, tomado de: https://www.asuntoslegales.com.co/analisis/luisa-fernanda-jimenez-mahecha-3586461/es-momento-de-regular-la-inteligencia-artificial-en-colombia-3586435

54 El Tiempo, *"Presentan proyecto para regular el uso de la inteligencia artificial en Colombia"*, 11 de agosto de 2023, tomado de https://www.eltiempo.com/politica/congreso/presentan-proyecto-para-regular-el-uso-de-la-inteligencia-artificial-en-colombia-795218

propósito, se estudiará en primer lugar la subdimensión de gestión de riesgos y residuos que pertenece a la dimensión de medio ambiente, en particular nos centraremos en analizar el riesgo tecnológico que es entendido como aquel fenómeno de origen tecnológico que está "*representado por las potenciales fugas o derrames de combustibles en los sistemas de transporte de hidrocarburos, daños en infraestructura asociada a redes de servicios públicos y por la potencial afectación por líneas de transmisión de energía de media o alta tensión y las subestaciones eléctricas*[55]".

El riesgo tecnológico está asociado con el funcionamiento de infraestructuras tecnológicas, industriales y físicas que controlan, conducen o disponen de manera final actividades y residuos peligros, los cuales son una potencial amenaza para las personas, el medio ambiente y los bienes materiales que rodean este tipo de estructuras.

La disposición o distribución funcional de los espacios de la ciudad juega un papel determinante y los usos del suelo definen las zonas específicas en que las cargas de estas actividades y estructuras deben soportarse. De igual forma, instaura una normativa de prohibición y permisión con el objetivo de proteger a la ciudadanía, los derechos e intereses colectivos y la propiedad.

La gestión del riesgo al interior de los POT es un determinante que guía la distribución del suelo y los usos al interior del territorio, por lo que el estándar de peligrosidad varía de conformidad con la actividad que se realiza en un espacio determinado. De manera preventiva resulta indispensable definir los lugares en que estarán dispuestos este tipo de artefactos para evitar afectaciones o vulneraciones graves, así mismo como las limitantes de las actividades de carácter económico y espacial para las personas naturales y jurídicas.

El riesgo tecnológico exige un catálogo de responsabilidades a cargo de todas las personas que contribuyen en la cadena de generación del riesgo, por lo que es importante delimitar con claridad los alcances espaciales en que funcionan este tipo de infraestructuras. En esta medida, la administración pública ejercerá sus facultades de

---

55 Anexo técnico 6 eventos tecnológicos del proyecto de actualización del componente de gestión del riesgo para la revisión ordinaria y actualización del POT de marzo de 2021, p. 6.

policía administrativa para inspeccionar, vigilar, controlar y sancionar aquellas circunstancias que lo exijan.

De este panorama se destaca que hay un reconocimiento institucional de la carencia de una *"plataforma de información que contenga toda la infraestructura que representa un riesgo de tipo tecnológico en la ciudad de Bogotá*[56]", circunstancia que es preocupante en la capital del país, porque revela la precariedad de la gestión del riesgo en el territorio nacional. La falta de información sobre toda la infraestructura actualizada y georreferenciada que representa un potencial riesgo tecnológico va en desmedro de la obligación que tiene el Estado de prevenir las amenazas y mitigar los riesgos.

Los riesgos asociados pueden provocarse por "*el almacenamiento, producción, transformación o transporte de sustancias y/o residuos químicos peligrosos, radiactivos, biológicos, líquidos inflamables, materiales combustibles, electricidad y/o hidrocarburos, así como con las actividades que operen altas presiones, altas temperaturas o con posibilidades de impacto mecánico*"[57]. Ante la multiplicidad de escenarios de riesgos posibles, las entidades territoriales deben prever una adecuada repartición del territorio con limitaciones claras para evitar que haya circulación continua de personas en estos lugares o que exista una reducción considerable de las personas que pueden transitoriamente transitar por estas zonas, porque de lo contrario las medidas serán inadecuadas. Esto se manifiesta en la prohibición o impedimento de construir o edificar viviendas familiares o residenciales.

La ubicación de las zonas industriales de manera implícita supone una carga superior para aquellas personas que viven de manera próxima a estas áreas de riesgos y resulta interesante estudiar las localidades y estratos socioeconómicos que usualmente deben soportar este tipo de cargas. De hecho, en muchas ocasiones la disposición de residuos sólidos tiene una estrecha proximidad con poblaciones vulnerables, que deben soportar los malos olores y la proliferación de enfermedades, situación que evidencia un reparto de cargas y

---

56 Anexo técnico 6, p. 22.

57 Anexo técnico 6, p. 22.

obligaciones que en múltiples ocasiones afecta derechos individuales y colectivos[58].

La incorporación de infraestructuras físicas y tecnológicas en la ciudad comporta un cambio de dinámica social, cultural y económica dentro del espacio que es utilizado para su funcionamiento. La forma en que se desarrolla la vida en estas áreas se ve limitada por consideraciones de carácter técnico. Este contexto no exime de que en el futuro la utilización de determinadas sustancias, componentes o actividades que en la actualidad se desconocen impactos negativos en la salud de las personas posteriormente causen un deterioro en la salud de las personas, razón por la cual el principio de prevención y precaución cobran relevancia.

Los POT tienen la potestad normativa para establecer la gestión del riesgo por fenómenos de origen tecnológico, como ocurre con el caso de Bogotá en el artículo 30 del Decreto Distrital 555 de 2021, que les impone a todos los proyectos de inversión pública un análisis de riesgo de desastre conforme con la naturaleza y complejidad. También, le imponen a las entidades públicas o privadas que prestan servicios públicos, operan rellenos sanitarios, actividades industriales y transporte de hidrocarburos y sustancias nocivas o que en sus actividades y operaciones puedan encontrarse o generar condiciones de riesgo que deberán adecuarse a los Planes de Gestión del Riesgo de Desastres. La gestión de los riesgos es una obligación que recae sobre públicos y privados, aspecto que pretende garantizar el estricto cumplimiento de los estándares de seguridad y calidad en cada operación o actividad económica que se realice.

La implementación de la tecnología en muchos espacios puede derivar en escenarios ofensivos para el ejercicio de otros derechos, que si bien actualmente se desconocen sus consecuencias o no existe certeza absoluta de su potencial impacto, las administraciones públicas están obligadas a tomar medidas preventivas para impedir los riesgos que se conocen o tomar acciones ante la falta de certeza absoluta científica para ejercer el principio de precaución.

---

58 María Daniela de la Rosa Calderón y Diego Felipe Contreras Pantoja, "El carácter distributivo de la justicia ambiental como reivindicación de derechos: entre el racismo ambiental y las consideraciones socioeconómicas", op. cit, p. 473.

La Corte Constitucional, en los casos de infraestructura de telefonía móvil y el impacto que las antenas pueden provocar en la salud de las personas que están alrededor, ha utilizado el principio de precaución para definir cuando hay peligro, amenaza o vulneración del derecho a la salud de los accionantes:

> "La Corte Constitucional ha aplicado el principio de precaución en relación con la instalación de bases o antenas de telecomunicaciones, en los casos en que se comprueba la existencia de un peligro en el estado de salud de las personas. Si bien esta Corporación ha reconocido estudios internacionales de la Organización Mundial de la Salud en los cuales se clasifica a las radiaciones no ionizantes como posiblemente carcinógenas, también, en cada caso particular, realizó un esfuerzo por encontrar siquiera indicios que demostraran la existencia de una relación de causalidad entre la exposición a la radiaciones emitidas por las torres de comunicaciones y la afectación en el estado de salud de los accionantes en cada caso[59]".

El juez de tutela se ha esforzado por aplicar de manera precisa el principio de precaución ante los potenciales riesgos o amenazas desconocidas por la ausencia de estudios científicos que definan con certeza los impactos de la infraestructura tecnológica provista para la prestación de un servicio público.

Incluso, la jurisprudencia constitucional sobre esta materia ha advertido que el Estado no ha desempeñado un rol adecuado en la protección de las personas y el medio ambiente, por la falta de regulación sobre los límites de ubicación espacial de las antenas de telefonía, debido al entendimiento que ha tenido de que es una fuente inherente conforme, es decir, que no requiere de precauciones particulares porque los campos que se producen cumplen los límites de exposición. Sin embargo, la Corte Constitucional ha expuesto que no hay un consenso absoluto sobre la materia, y ante la falta de certeza sobre los efectos nocivos a mediano o largo plazo de los campos electromagnéticos de radiofrecuencia como posiblemente cancerígenos para las personas, permite que las autoridades tomen medidas frente a los niveles de radiación, más aún cuando se trata de sujetos de especial protección, es decir, en estos eventos el principio de precaución es reforzado[60].

---

59 Corte Constitucional, Sentencia T-713 de 2016.

60 Corte Constitucional, Sentencia T-1077 de 2012.

La jurisprudencia constitucional ha optado por aplicar el principio de precaución de conformidad con las singularidades propias de cada caso, porque no tiene una aplicación generalizada, automática o estandarizada que suponga que en todas las situaciones debe prevalecer el derecho a la salud. El nexo de causalidad entre la posible agravación de las dolencias y la exposición a campos electromagnéticos debido a la cercanía de la infraestructura es el criterio determinante de protección, porque exige que, aunque sea de manera indiciaria en estos casos haya una posible relación de causalidad, porque de lo contrario no habrá un amparo del derecho solicitado[61].

Las administraciones públicas son competentes para adoptar medidas de carácter preventivo y/o herramientas que permitan materializar el principio de precaución al momento de diseñar las normas de planeación territorial, razón por la cual la incorporación de la tecnología en espacio territorial trae consigo riesgos asociados que en múltiples ocasiones son desconocidos por la falta de evidencia o estudios científicos o por el simple hecho de la novedad del instrumento que se pone en ejecución.

Si bien la tecnología no puede regularse de manera taxativa es importante que los principios de prevención y precaución adquieran una participación principal, por la multiplicidad de riesgos que desconocemos a mediano y largo plazo. La aplicación de estos principios usualmente ha sido abordada en temas de naturaleza ambiental, pero nada obsta para que tengan utilidad en dosis mayores respecto de asuntos de carácter tecnológico, como ha ocurrido en otras materias relacionados con los derechos de los consumidores y la salud.

Por otra parte, respecto de la dimensión de hábitat, encontramos un escenario de estudio que está asociado con las diferentes subdimensiones de este componente que son los asentamientos irregulares y la forma en que los datos son obtenidos por medio de herramientas de georreferenciación satelital que contribuye de manera determinante en la identificación de un problema y en la creación de soluciones hechas a la medida. Sin embargo, debe advertirse que el acceso a esa información de manera integral es complejo en muchos casos, por los vacíos sobre las condiciones reales en que las personas

---

[61] Corte Constitucional, Sentencia T-713 de 2016.

vulnerables que viven en estas zonas relevan sobre su existencia o proyectos de vida en lugares determinados.

La legalización y regularización de los asentamientos humanos es el presupuesto básico para el goce efectivo pleno del derecho a la vivienda, "*en la medida en la que permite superar barreras relacionadas con la ubicación del predio en zonas de riesgo, con la falta de seguridad jurídica en la tenencia y con la falta de acceso a servicios públicos, a escuelas, a centros de salud, a vías de acceso y demás obras de desarrollo e infraestructura social. Con ello, se contribuye al ejercicio de otros derechos conexos, tales como el derecho a la educación, a la salud, a la libre circulación y a la seguridad e integridad personal de los habitantes de tales asentamientos, sólo por nombrar algunos*[62]". Las consecuencias de la informalidad impactan el ejercicio de otros derechos y exponen a las personas en condición de pobreza y vulnerabilidad a factores externos que profundizan la afectación de sus derechos.

La legalización y regularización de los asentamientos informales trae consigo efectos positivos para el fortalecimiento de la vida en comunidad, el arraigo, la intimidad y la estabilidad de tener un lugar en el que se puede desenvolver un proyecto de vida. Esto supone darle seguridad al lugar en que las personas deciden desarrollar su existencia bajo condiciones dignas.

Para ejecutar políticas públicas adecuadas y precisas en el territorio colombiano es necesario primero contar con la información suficiente y real de lo que ocurre al interior de las diferentes entidades territoriales, sin embargo, esta no es una tarea sencilla por la falta de sinergia entre las autoridades estatales y la creación de sistemas interoperables que sean efectivos.

En Latinoamérica se han implementado herramientas tecnológicas para cumplir con ese objetivo, entre ellas, la georreferenciación satelital que ha sido promovida por el Banco Interamericano de Desarrollo (BID). De hecho, el BID en el marco del laboratorio de ciudades ha diseñado un catálogo de aplicaciones de código abierto para apoyar la planificación urbana de las ciudades latinoamericanas. Lo anterior, para garantizar el carácter descentralizado de la información y la accesibilidad al público para que diferentes ciudades puedan poner al servicio de sus necesidades este tipo de aplicaciones tecnológicas.

---

62 Corte Constitucional, Auto 373 de 2016.

Esto supone la introducción de la inteligencia artificial en el desarrollo de competencias estatales, que tiene como propósito identificar problemas y a partir de la información crear políticas públicas y adoptar decisiones de carácter administrativas dirigidas a superar la deficiencia de planeación en cuestión. La inteligencia artificial pretende imitar habilidades humanas, de ahí que el entrenamiento humano sea indispensable para que inicie su puesta en funcionamiento. En este contexto, cuando se dota a la inteligencia artificial de algoritmos e instrucciones específicas, estamos en un escenario más avanzado que ha sido denominado *machine learning* y cuando existe una variante de este concepto que se denomina *Deep learning* que utiliza modelos basados en redes neuronales para la obtención de resultados específicos[63].

Entre mayores sean los niveles de automatización de los datos, mayores niveles de control se requieren por parte de las administraciones y ciudadanos, pues la capacidad de influencia sobre las decisiones administrativas y la creación de políticas públicas también aumentan. De esta manera, entre más complejo resulta el procesamiento de la información para un fin determinado, mayores controles se exigirán sobre la información y la manera en que esos datos sirven como sustento de la información.

El principio de control humano de las decisiones propias de un sistema de inteligencia artificial supone que las personas tengan la capacidad de participar en la implementación y ejecución de estos sistemas, por lo que a mayor nivel de riesgo se requerirá mayor uso de controles humanos, para evitar la potencial vulneración de derechos o la realización de finalidades o intereses desviados.

Como hemos advertidos en líneas anteriores, la capacidad de actualización y de constante evolución de estos sistemas trae consigo la responsabilidad de control por parte del ser humano, porque si bien la IA facilita la toma de decisiones complejas, no deben crearse escenarios de automatización tan sofisticados que dificulten el control por parte de la actividad humana. En ese sentido, *"los algoritmos deben permitir y facilitar la toma de decisiones, pero en un principio deben servir de*

---

63 Connor Shorten, Taghi M. Khoshgoftaar & Borko Furht, Text data augmentation for deep learnin, en *Journal of big Data*,2021, vol. 8, p.2 y 3.

guía para la toma de decisiones y no pueden actuar de forma automatizada y conforme a modelos sugeridos[64]".

La implementación de los diferentes sistemas, herramientas y canales tecnológicos trae consigo la asunción de responsabilidades que las administraciones desconocían e impone una mayor rigurosidad al momento de iniciar su funcionamiento por el impacto que puede tener en la planeación territorial y por ende en el ejercicio de derechos. La forma en que se entrene al sistema en cuestión determinará en gran medida los motivos de decisiones futuras por parte de la administración en diferentes dimensiones de la ciudad, razón por la cual debe entenderse con claridad el propósito que persigue cada software y la manera en que se llega a dicha finalidad, para comprender la correspondencia que existe entre fines y medios, pues de lo contrario existían indicios de finalidades desviadas o que defraudan la legitimidad de la utilización de las herramientas tecnológicas.

El principio de responsabilidad es un campo novedoso y controversial en términos jurídicos, porque se pretende establecer una responsabilidad solidaria por regla general, porque "*cada actor desempeña un papel dentro de la cadena algorítmica y no es posible limitar la responsabilidad a un participante específico ya que todos hacen parte de la misma cadena, se partirá de la solidaridad en la responsabilidad de los diseñadores, desarrolladores y personas que implementen esta tecnología, por los daños que el uso de esta tecnología tenga en un individuo, salvo que se demuestre de forma suficiente que la responsabilidad recae en uno solo de estos actores*[65]".

El postulado anterior se sustenta en la realidad del funcionamiento del sistema, sin embargo, para que la solidaridad surja es necesario que una ley o un contrato la establezcan de forma expresa para que pueda hacerse exigible. Esto asegura en parte que la víctima que resulte afectada por un sistema de IA esté en una posición favorable para reclamar contra cualquiera de los sujetos de la cadena algorítmica, otra cosa será la relación interna entre ellos para solicitar el reembolso de lo pagado.

La responsabilidad solidaria tiene un valor proteccionista desde la perspectiva de la víctima y asegura que no tenga que buscar a un

---

64 Armando Guio español, op. cit. p. 27.

65 Armando Guio español, op. cit. p. 29.

culpable en particular, sino que pueda involucrar a todos los actores de la cadena algorítmica. Esto se acompasa con la asimetría de la información que poseen los técnicos, pues es muy complejo que un ciudadano esté en la capacidad de comprender con claridad en qué parte del proceso de la decisión el sistema falló, para dirigir sus pretensiones contra esa persona en particular.

En un escenario de transición como el actual, la responsabilidad solidaria como regla general garantiza que la asimetría de la información puede tener un balance en términos de acceso a la administración de justicia y equidad, porque hay diferentes patrimonios que pueden responder y personas involucradas que deben explicar el funcionamiento integral del sistema. La cadena algorítmica comporta desde el inicio de la recopilación de la información hasta las finalidades del procesamiento.

Sin embargo, es importante diferenciar que "*existe responsabilidad de las personas que diseñan un algoritmo por aquellos resultados que llegue a generar y los criterios utilizados para llegar a ciertas respuestas. Sin embargo, su responsabilidad no se deriva hasta la implementación, ya que en esta fase los resultados y su impacto serán responsabilidad de la persona o entidad que se encargue del uso de estos sistemas y de tomar decisiones a partir de los mismos*[66]". En consecuencia, hay dos escenarios de control y responsabilidad, porque el primero está relacionado con la cadena algorítmica y el segundo con el uso de esta información por parte de los diferentes actores para tomar decisiones que impactan derechos.

En ese sentido, la implementación de esa información y las finalidades que el actor que la recibe decodificada le otorga no podrán estar asociadas a todo la etapa de procesamiento de datos y resultados en principio, porque es posible que el resultado final pueda utilizarse por parte de otros sujetos para propósitos amañados o desviados. Tampoco se puede desconocer que es viable que de manera paralela ambos procesos se encuentren amañados o encausados a finalidades desviadas que tengan rol potenciador de afectación de derechos.

Es necesario que los ordenamientos jurídicos sean claros en determinar las responsabilidades derivadas de la utilización de sistemas IA, de hecho, podría considerarse que la definición de estos

---

66 Armando Guio Español. Op. cit. p. 29.

asuntos adquiere el valor de normas de orden público, pues sin duda su definición garantiza la protección de derechos fundamentales. En términos de responsabilidad, debe evitarse y prohibirse fórmulas que contribuyan a su dilución, porque no podrán promoverse acuerdos privados entre los mismos actores de la cadena algorítmica para exceptuar su responsabilidad, porque ellos van en desmedro de la víctima que no tiene la misma rigurosidad técnica para entender en qué parte del proceso se presentó una equivocación o una conducta dolosa con propósitos desviados.

Para entender con mayor claridad el funcionamiento de este tipo aplicaciones, es necesario primero comprender el proceso que existe detrás de la detección del problema por medios tecnológicos, por lo que se resalta la explicación del BID sobre este tema:

> "¿Cómo puede un algoritmo reconocer un asentamiento informal a través de imágenes satelitales? El primer paso es tomar una imagen satelital de un barrio donde un equipo municipal ha demarcado las áreas informales. Después, esta imagen se procesa con un algoritmo que "aprende" a identificar los patrones visuales característicos de estas áreas vistas desde el espacio. El algoritmo, así entrenado, puede más adelante identificar áreas del mismo tipo en otras imágenes. Por ejemplo, puede mapear un área metropolitana completa tras haber aprendido de datos que sólo abarcaban unos pocos barrios, o crear con bajo esfuerzo mapas actualizados cada vez que se dispone de imágenes nuevas[67]".

Dentro de estas aplicaciones se destaca el proyecto piloto de implementación del Mapeo Automatizado de Asentamientos Informales con Inteligencia Artificial (MAIIA) del BID en Barranquilla con el apoyo del DPN y la alcaldía de esa entidad territorial. Esta herramienta se construyó a partir de la información técnica agregada por un grupo especializado que alimentó de imágenes el software con la demarcación de las áreas consideradas informales, para así crear algoritmos destinados a analizar de forma automática las características comunes de los asentamientos informales.

---

67 Luz Adriana Moreno González, Véronique de Lael, Héctor Antonio Vázquez Brust y Patricio Zambrano Barrágan, *¿Puede la inteligencia artificial ayudar a reducir la informalidad urbana?: Descubre MAIIA, el nuevo software del BID,* Banco Interamericano de Desarrollo, 22 de febrero de 2022, tomado de https://blogs.iadb.org/ciudades-sostenibles/es/inteligencia-artificial-informalidad-urbana/

La puesta en funcionamiento de la aplicación tiene un componente humano que define las características que se consideran asentamiento informal, aspecto que revela la complejidad de utilizar este tipo de sistemas en la práctica, porque la creación de algoritmos útiles y funcionales depende en gran medida de la forma en que se eduque o entrene al software. En esta etapa de aprendizaje y alimentación del sistema juegan un papel determinante los criterios que la administración utilice para entender en qué situaciones estamos en presencia de un asentamiento informal, por lo que, por ejemplo, pueden usarse características como "*los callejones estrechos y las pequeñas casas contiguas con una amplia variedad de estructuras de techo*[68]", entre otros.

Este ejercicio requiere de equipos especializados y de una infraestructura sólida de procesamiento de la información, para que su funcionamiento se sustente en criterios técnicos y científicos y no en características arbitrarias o discriminatorias. Adicionalmente, resulta indispensable que las administraciones reserven la información que sustentó la decisión de entrenar al sistema de esa manera y que exista un análisis de los beneficios que tiene la implementación del sistema para el desarrollo de las funciones administrativas. De esta manera, se cumple con el principio de transparencia y razonabilidad de las decisiones administrativas, para evitar que la arbitrariedad sea la que defina la toma de decisiones.

En este contexto, los ciudadanos tienen un papel importante de veedores porque resulta relevante que la implementación de estos instrumentos pueda ser controlada de manera previa y posterior a su funcionamiento, y para tal propósito, la utilidad de sistemas abiertos de información garantiza un control latente por parte de diferentes personas y sectores de interés que pueden resultar beneficiados o afectados.

Los equipos técnicos y especializados en ocasiones se convierten en una barrera o limitante en algunos municipios que carecen de talento humano idóneo para manejar con rigor este tipo de herramientas tecnológicas, por lo que antes de poner en marcha el funcionamiento del sistema debe acreditarse la capacidad que tiene la administración para asumir y garantizar la implementación de dichas herramientas tecnológicas. La falta de talento humano o rigor

---

68 Luz Adriana Moreno González et atl. Op cit 61.

técnico se convierte en un potencial escenario de falencias administrativas y por ende de afectación de derechos de carácter individual o colectivo.

Las administraciones tienen el deber de alimentar los sistemas con información precisa, actualizada y real, así como de garantizar la transferencia de habilidades tecnológicas en todos los niveles de gobierno y administración con base en las realidades propias de cada entidad territorial.

El uso de las TIC en el desarrollo de las funciones públicas pretende no trasladar la desigualdad análoga a un contexto digital, sino que por el contrario es necesario superar las falencias institucionales que surgen en la vida real y a través de herramientas análogas para combatir la desigualdad de forma responsable y ética. Debe hacerse énfasis en que la georreferenciación de los asentamientos informales también sirve como un parámetro de referencia del nivel de cumplimiento de las administraciones públicas, porque si se expande la informalidad en el territorio, esto supone una falencia a nivel interno y sirve también como una forma de control implícito de la administración.

Las bondades de la georreferenciación de los asentamientos informales tienen un impacto directo en la planeación territorial, pero es necesario también identificar las posibles finalidades desviadas que podrían dársele a esta información, puesto que, la indebida utilización de la información puede crear escenario de discriminación o segregación entre los sectores al interior de una ciudad.

La georreferenciación satelital o por imágenes es versátil y tiene una capacidad de adaptación en las diferentes dimensiones de la ciudad, porque puede utilizarse para otros fines que la administración requiera, lo importante es que se distinga con claridad el objeto y la finalidad que se pretende, por ejemplo, determinar el nivel de arborización en determinados sectores o la cantidad de espacios verdes para recreación.

No podemos ignorar que como cualquier sistema tecnológico posee un margen de error porque no tiene un grado de precisión en términos absolutos, pero sirve como una herramienta de apoyo o complementariedad, que puede que con su perfeccionamiento constante aumente su grado de detección de zonas informales.

Resulta indispensable que las personas también tengan la posibilidad de controlar a la administración a partir de las habilidades que adquieren en el manejo de nuevas herramientas o sistemas tecnológicos. Una sociedad educada y formada garantiza un espacio de discusión concertado y no impuesto, que evite el incremento de los niveles de analfabetismo tecnológico.

La precisión de los instrumentos de planeación depende de cada territorio, por lo que en cada espacio del territorio la imagen de la informalidad puede variar, por múltiples factores, pues los municipios colombianos tienen realidades heterogéneas que influyen sobre la percepción de vida que se tiene. Por esta razón, entrenar un sistema que procese la información que requiere la administración no es una tarea fácil y demanda de perfeccionamiento constante, es decir, no formulas universales, ni estéticas, sino dinámicas y actualizadas.

La creación de herramientas al servicio de la planeación territorial es abundante, entre ellas, se resaltan las diseñadas por el BID que son Urbanpy que utiliza funciones implementadas en Python para obtener cartografía digital del territorio, el simulador de expansión urbana que también estima la huella de carbono en cada visión de ciudad futura y el detector de islas de calor urbanas[69]. Estos instrumentos permiten localizar las actividades al interior de la ciudad, sus flujos, el comportamiento sectorial y sirven para crear una prospectiva de ciudad a futuro.

Adicionalmente, sirve para detectar condiciones climáticas adversas o con mayor intensidad dentro de algunos sectores de la ciudad, aspecto que sin duda incide en la utilización de los servicios públicos, el consumo de bienes y emisión de gases de efecto invernadero por la necesidad de disminuir las olas de calor. Incluso, el detector de islas de calor permite dar propuestas o soluciones teniendo en consideración los costos y beneficios que se utilizan con la intención de mitigar impactos de cambio climático.

Bajo el contexto anterior, comprender la forma en que Colombia ha asumido la incorporación de la inteligencia artificial en el ejercicio de funciones administrativas, por la multiplicidad de beneficios

69 Laboratorio de ciudades del BID que tiene una colección de aplicación de código abierto denominadas Open Urban Planning Toolbox https://www.iadb.org/es/desarrollo-urbano-y-vivienda/aplicaciones-digitales-para-la-planificacion-urbana.

y riesgos que se encuentran asociados es una tarea del presente y no de las generaciones futuras.

A continuación, examinaremos algunos aspectos relacionados con la inteligencia artificial de cara a las competencias que tienen las administraciones públicas para proteger a los ciudadanos de potenciales vulneraciones de sus derechos. También, se abordará el papel que ha adoptado nuestro ordenamiento jurídico para regular la inteligencia artificial.

El Conpes 3975 de 2019 que establece la Política Nacional para la Transformación Digital e Inteligencia Artificial reconoce que el proceso de transformación digital permite convertir datos análogos y procesos en formatos que pueden ser procesados por sistemas y máquinas con objetivos específicos. Tiene en consideración la Cuarta Revolución Industrial como impulsor de la innovación del sector público y privado. Si bien tiene un especial interés por la adopción de la inteligencia artificial no desconoce el potencial de otras tecnologías como blcokchain, el internet de las cosas, entre otras. Concibe el manejo de los datos y la información como los principales generadores de valor social y económico en los territorios.

El Conpes 3975 de 2019 sostiene que la fusión constante de las tecnologías está eliminando la esfera física, digital y biológica en todos los ámbitos de la vida. Al respecto, destaca que:

> "La IA es una tecnología que puede tener un sinnúmero de beneficios, pero también hay una serie de riesgos que la sociedad colombiana deberá enfrentar y mitigar, como su posible impacto en la profundización de diferencias sociales e inequidad. En ese sentido, Colombia debe enmarcar sus acciones y estrategias bajo unos principios adaptativos que ayuden a reducir la falta de preparación del país para aprovechar las oportunidades relacionadas con la adopción y desarrollo de esta tecnología.[70]".

La cantidad de beneficios de la IA trae consigo una multiplicidad de riesgos asociados que tienen la potencialidad de ahondar la inequidad y la desigualdad social si son implementados de manera inadecuada, y, por ende, el ejercicio de derechos. Este escenario se puede presentar en cualquier entorno en que se pretenda utilizar la inteligencia artificial, razón por la cual la implementación de este

70 Conpes 3975 de 2019, p. 20.

tipo de tecnologías para la planeación territorial debe hacerse con mucha rigurosidad porque en estos instrumentos normativos se definen derechos de carácter individual y colectivo a corto, mediano y largo plazo.

La dependencia tecnológica tiene implicaciones éticas, sociales e institucionales que no son papables de forma inmediata, por lo que el sometimiento de los "*algoritmos y la automatización crea preocupación por los prejuicios, la discriminación y el posible agravamiento de las desigualdades existentes*[71]". En consecuencia, son de vital importancia los marcos éticos, las directrices y principios para el uso de la IA, pues ellos garantizan la asunción de responsabilidades por parte de todos los actores, la transparencia, la confianza y la equidad. Lo anterior debe sustentarse en la prevalencia de las personas y la protección de sus derechos. No puede trasladarse la toma de decisiones a una máquina o a un algoritmo para decidir aspectos de orden social trascendentes que definen el ejercicio de derechos dentro de un territorio. La dependencia tecnológica tiene un alto potencial de homogenización de las ciudades y comportamientos en su interior, por lo que la IA debe concebirse como un instrumento de apoyo y colaboración a la actividad humana, más no como un desprendimiento absoluto de las decisiones que deben tomarse sobre el territorio.

El rigor y la minuciosidad con la que se mira la inteligencia artificial no puede traducirse en una hiper regulación de la tecnología, porque, como se ha advertido en otros escenarios, una disposición normativa no puede desarrollar cada aspecto o posible escenario de afectación de derechos, principalmente por su carácter innovador y desconocido en muchos casos de la potencialidad que tiene este tipo de instrumento a mediano y largo plazo en la sociedad. Por lo tanto, es necesaria la construcción de principios y normas de carácter general que sirvan como guía para tratar su implementación.

El Conpes 3975 de 2019 contempla 14 postulados para el desarrollo de la inteligencia artificial en Colombia, entre ellos, se destacan los 5

---

71 Alejandro López Larnia, Las promesas y riesgos de la inteligencia artificial en el desarrollo urbano de América Latina y el Caribe, Blog de ciudades del BID, 15 de agosto de 2023, tomado de https://blogs.iadb.org/ciudades-sostenibles/es/promesas-riesgos-inteligencia-artificial-desarrollo-urbano-america-latina-ciudades/

más interesantes. El primero está relacionado con las políticas basadas en evidencia y métricas de impacto para la regulación. Esto supone que la intervención estatal en esta materia debe estar ampliamente justificada, para evitar limitación injustificada. De hecho, se promueve el análisis costo-beneficio de la creación de una nueva regulación o la imposición de medidas administrativas para esta tecnología.

Por regla general, la intervención estatal en la definición regulatoria de la IA es limitada y no tiene un campo amplio para regularse, para evitar restricciones y obstáculos que permitan el fomento económico que trae consigo el uso de este tipo de tecnologías. Esto se refleja en cualquier contexto en el que pretenda incorporar, por lo que la ciudad no escapa de esta realidad, de ahí que pueda utilizarse para el mejoramiento de procesos en cualquiera de las dimensiones y subdimensiones de la ciudad.

El segundo está relacionado con la experimentación regulatoria que promueve la adopción de regulaciones novedosas y la gobernanza de la IA basada en riesgos dentro de las entidades públicas y privadas. La materialización de este postulado debe hacerse con cautela y no de forma arbitraria, la experimentación no supone la irracionalidad o la desproporción en la búsqueda de marcos regulatorios útiles para las necesidades de un sector en particular.

El tercero está asociado con la infraestructura de datos de fácil acceso, lo que supone la creación de infraestructura al servicio de la obtención de bases de datos masivas que puedan intercambiarse de forma intersectorial e incluso con alcance internacional. Es una apuesta a que los desarrolladores de esta tecnología tengan acceso rápido y sencillo, sin embargo, la apertura de la información tiene que hacerse de manera controlada y bajo un esquema de protección de datos como lo vimos en líneas anteriores. Por lo tanto, *"la regulación de protección de datos debe garantizar los derechos de los ciudadanos bajo un marco de gestión del riesgo*[72]".

El cuarto está relacionado con el marco ético para la IA y la seguridad, es decir que la implementación de esta tecnología debe cumplir finalidades estatales que promuevan la "*justicia, libertad, no discriminación, transparencia, diseño responsable, seguridad, privacidad y*

---

72 Conpes 3975 de 2019, p. 22.

el rol de los derechos humanos, entre muchos otros[73]". La tecnología sirve como un medio para el ejercicio de derechos y para el cumplimiento de fines estatales, por lo que en todas las discusiones relacionadas con la IA no puede desprenderse de estos postulados que rigen el ordenamiento jurídico y en general cualquier función pública. Se alude a conceptos como ética de datos, ética de algoritmos y ética de conductas de las personas que desarrollan e implementan este tipo de tecnologías.

Por último, el quinto es la posición del Estado como facilitador y usuario de la IA, por lo que debe garantizar todas las condiciones habilitantes para poner en marcha la implementación de la tecnología, así como debe propiciar el uso de la IA para afrontar desafíos de carácter público. Es aquí donde todos los niveles de gobierno y administración tienen la obligación de incorporar procesos modernos, eficientes y sofisticados para el ejercicio de las funciones administrativas.

Así las cosas, los marcos legales y éticos del uso de las TIC en desarrollo y ejecución de la función de planeación territorial deben cumplir todas las garantías asociadas a los derechos que pueden llegar a afectarse con un modelo de ciudad inteligente en que la información y la decodificación de los datos adquiere un papel protagónico en la construcción de dicho modelo. Cuando se entiende que la información y la manera en que es utilizada son un medio ambivalente de potenciales bondades y riesgos para el ejercicio de los derechos, la construcción de un modelo de ciudad inteligente resulta más racional y proporcionada.

Como lo advertimos al principio de este escrito, a pesar de que el concepto de ciudad inteligente ha sido utilizado por algunos sectores como un elemento que dinamiza la economía o como un término atractivo en términos de mercado, no puede ignorarse que los gobiernos locales lo han empleado para el desarrollo de actividades administrativas innovadoras y modernas en su territorio. Por lo tanto, desde el momento en que adquiere una relevancia institucional, dicho concepto tiene un impacto profundo en la garantía y protección de los derechos en un contexto de índole personal y colectiva,

73 Conpes 3975 de 2019, p. 22.

por lo que surge la necesidad de que las administraciones públicas comprendan dicha condición y planteen fórmulas que se ajusten a parámetros legales y constitucionales.

Existe una multiplicidad de riesgos y beneficios latentes que se derivan de la construcción y funcionamiento de las ciudades inteligentes, sin embargo, el rol de las administraciones públicas es adecuar su conducta a lo que la sociedad en la actualidad exige, como ha pasado históricamente en diferentes escenarios. De esta manera, la pasividad no es una respuesta para afrontar los dilemas éticos y jurídicos que se avizoran con timidez e incertidumbre en este momento, pues las ciencias sociales tienen un rol importante para conducir estos debates por un sendero humanista, equitativo y justo.

Reflexiones finales

En Colombia no existe un régimen jurídico unificado de las ciudades inteligentes, pero sí existen múltiples ejemplos de su implementación en los diferentes niveles de gobierno y administración, razón por la cual este modelo de ciudad requiere de la intervención del derecho desde una visión omnicomprensiva y multidisciplinaria que centre su atención en la garantía de los derechos humanos, las competencias de innovación territorial y la sostenibilidad del medio ambiente. Cualquier normativa de planeación territorial tiene un impacto directo e indirecto sobre la vida de las personas, por lo que estas disposiciones jurídicas deben crearse e implementarse con una visión prospectiva y preventiva de los riesgos conocidos o potencialmente conocidos que se encuentran asociados.

El enfoque multidimensional de la planificación territorial es un instrumento de concreción del concepto de ciudad inteligente y de su régimen jurídico. Se alude a un enfoque multidimensional por la compresión global que se tiene sobre un territorio, pues no delimita el estudio de una investigación a la adopción exclusiva de la tecnología, sino que enmarca un problema desde una visión integral.

Sin embargo, no se puede desconocer que la tecnología le impone al derecho el desafío jurídico, moral y ético de avizorar de manera anticipada los riesgos que produce la incertidumbre tecnológica en un contexto de derechos. Impone el deber de reflexionar sobre nuestra propia identidad y la extensión de ella en escenarios digitales. La tecnología es bondadosa cuando se utiliza de manera ética y transparente, pero peligrosa y potencialmente discriminadora cuando el arquitecto del sistema construye algoritmos con sesgos y prejuicios sociales.

El proceso de industrialización de las sociedades ha impactado en el desarrollo de las normas de ordenación del territorio y las zonas en que podían ejercerse actividades económicas. Asimismo, ha alterado la dinámica de vida, por el cambio de ritmo social y la exaltación de derechos de orden social que antes no eran reconocidos con la misma intensidad. El desarrollo tecnológico de las sociedades comporta la creación de regulaciones y fórmulas jurídicas dispuestas a reglar una realidad que hasta hace muy poco no era reconocida con la misma relevancia que en la actualidad. Por esta razón, el impacto que tienen estos componentes en la construcción en las normas de ordenación del territorio debe valorarse de manera crítica y a través de la potencial afectación que tienen sobre los derechos de las personas.

La cuarta revolución industrial plantea nuevos escenarios de desigualdad o asimetría de la información, porque no todas las personas tienen la capacidad económica para acceder a las tecnologías emergentes, ni acceso a internet. Acceder a la información se convierte en un derecho y no en privilegio, por lo que a los ciudadanos debe garantizarles su conexión con el mundo digital. La pobreza tiene diferentes dimensiones y una de ellas es la falta de acceso a la información a la capacidad de comunicación con el mundo exterior. La lucha contra la desigualdad tecnológica debe convertirse en el eje central de las políticas públicas y de las normas de ordenación del territorio de los países latinoamericanos. Deberán construirse normas que organicen la ciudad en pro de que las personas puedan también desarrollar su personalidad en sistemas digitales de manera equitativa y justa.

El sistema jurídico del presente y no del futuro tiene la responsabilidad de mantener las bases de una sociedad librepensadora, creativa y lejana a las políticas que automatizan el pensamiento de forma inconsciente. La transparencia, la intimidad, la privacidad y la equidad tecnológica se erigen como principios esenciales de la sociedad actual, porque desconocemos con claridad todos los impactos reales que la tecnología tiene sobre la garantía de nuestros derechos. No podemos delegar esta responsabilidad únicamente en las ciencias exactas, pues las ciencias sociales, y especialmente, el derecho tiene la capacidad de transformar la realidad que vivimos de manera ética y justa.

Las normas de ordenación del territorio son el reflejo de un juego de cargas y beneficios de las personas que viven en un espacio determinado. Comprender esta dinámica de manera multidisciplinaria garantiza la equidad en el reparto dichas de cargas y beneficios, pues las personas están sometidas por normas de obligatorio cumplimiento, pero esto debe hacerse de manera proporcional y con la certeza de que recibirán una contraprestación o por lo menos una compensación individual o colectiva por soportar cargas que resulten excesivas o desproporcionadas respecto a las demás personas que viven en otros lugares.

El modelo de ciudad inteligente está apalancado en los datos y las autoridades deben garantizar el respeto por el derecho al habeas data y los derechos asociados que pueden conculcarse con el tratamiento inadecuado de la información. Por lo tanto, las entidades territoriales y nacionales tienen que asegurarse de cumplir con el estándar de protección de datos, principalmente, porque la utilización de aplicaciones digitales e instrumentos tecnológicos constantemente está recopilando información que posteriormente será utilizada para la toma de decisiones en diferentes sectores.

Debe resaltarse el papel protagónico de las entidades territoriales en la creación de normas de ordenación del territorio novedosas, así como la construcción de un modelo territorial de ciudad inteligente que no tuvo su origen en el orden nacional. La construcción de abajo hacia arriba de este modelo de ciudad demuestra el valor de la autonomía territorial y la capacidad de modernización constante que tienen las entidades territoriales.

En la actualidad, los canales o sistemas digitales por medio de los cuales se comparte información se convierte en una extensión de la personalidad en un espacio digital, que debe estar cubierta por las mismas garantías del mundo físico, porque la susceptibilidad de vulneración de derecho es similar y en muchos casos aumenta su nivel de riesgo, por el impacto que puede tener para acceder a garantías o derechos que definen el estilo de vida de las personas.

La interrelación y compatibilidad de los planes de ordenamiento territorial y los planes de desarrollo territorial son características esenciales de la construcción de modelos innovadores de ciudad y de políticas públicas modernas, porque su alineación garantiza que los objetivos perseguidos por un territorio tengan mayor efectividad.

Se advierte que la incorporación de las TIC en la planeación territorial no es suficiente, pues es necesario estudiar el trasfondo jurídico que la utilización de estos instrumentos tecnológicos y canales digitales produce en los derechos de los ciudadanos y en la protección de bienes y derechos de carácter colectivo. La discusión no puede restringirse en imponerles a las entidades territoriales la obligación de usar las TIC, sino que es necesario pensar los impactos colaterales que en términos materiales tienen frente a los derechos y la forma de construir la normativa que guiará el modelo territorial planteado por cada entidad.

La dependencia tecnológica tiene un alto potencial de homogenización de las ciudades y comportamiento al interior de las ciudades, por lo que la IA debe concebirse como un instrumento de apoyo y colaboración a la actividad humana, más no un desprendimiento de las decisiones que deben tomarse al interior de las ciudades.

De esta manera, en este escrito utilizamos ejemplos respecto de la dimensión ambiental y de hábitat de la ciudad para explicar o hacer una aproximación de la influencia que los proyectos o estrategias de ciudad inteligente tienen sobre algunos derechos. Asimismo, se destacó la forma en que surgen nuevos deberes y obligaciones en cabeza de las administraciones públicas, que deben concentrarse en identificar los vacíos o escenarios de desprotección que surgen como consecuencia directa de la asimetría de la información y la falta de criterios técnicos para interpretar un lenguaje que es propio de las ciencias exactas.

El reto principal de las ciudades inteligentes está en su indeterminación conceptual y en la forma en que se examinan los proyectos y estrategias que ponen en funcionamiento ese modelo, toda vez que, requiere de conocimientos interdisciplinarios que permitan tener una comprensión global e integral de sus impactos o efectos sobre los derechos de las personas. Todas las medidas que pretendan desarrollar el modelo de ciudades inteligentes deben tener como valores principales la protección de la información, el derecho al habeas data, la intimidad, la privacidad, la seguridad y la transparencia.

Bibliografía

Doctrina, documentos de política pública y artículos de prensa

Angelidou, Margarita. Smart cities: A conjuncture of four forces. *Cities*, 2015, vol. 47.

Alawadhi, Suha, et al. Building understanding of smart city initiatives. En *International conference on electronic government*. Springer, Berlin, Heidelberg, 2012.

Arizaga Bolumburu, Beatriz. El paisaje urbano en la Europa Medieval, *tercera semana de Estudios Medievales: Nájera 3 al 7 de agosto de 1992*. Instituto de Estudios Riojanos, 1993.

Ascher, François. Los nuevos principios del urbanismo. El fin de las ciudades no está a la orden del día, Alianza, España, 2016.

Baena Carillo, Samuel. "Hacia un derecho administrativo y urbanístico crítico: la regularización de asentamientos informales, entre la inclusión y la asimilación, en *Ordenación del territorio, ciudad y derecho urbano: competencias, instrumentos de planificación y desafíos*, Universidad Externado de Colombia, Bogotá, 2020.

Bates, Oliver; Adrian, Friday. Beyond data in the smart city: repurposing existing campus IoT. *IEEE Pervasive Computing*, 2017, vol. 16, no 2.

BID, 2016. La ruta hacia las Smart Cities: migrando de una gestión tradicional a la ciudad inteligente. Tomado de https://publications.iadb.org/es/la-ruta-hacia-las-smart-cities-migrando-de-una-gestion-tradicional-la-ciudad-inteligente

Castaño Parra, Daniel. El servicio público digital como piedra angular de las Smart Cities, en *"Ordenación del Territorio, ciudad y derecho urbano. Competencias, instrumentos de planificación y desafíos"*, Universidad Externado de Colombia, 2020.

Castaño Parra, Daniel. Nudge + código. Una arquitectura digital para el precedente judicial, en "Las trasformaciones de la administración pública y del derecho administrativo. Universidad Externado de Colombia", Universidad Externado de Colombia, 2020.

Conpes 3650 de 2010. La estrategia de Gobierno en Línea del programa Agenda de Conectividad, es parte del Plan. Nacional de Desarrollo 2006-2010.

Conpes 3819 de 2014. Política Nacional para consolidar el Sistema de Ciudades en Colombia.

Conpes 3870 de 2016. Programa nacional para la formulación y actualización de planes de ordenamiento territorial: POT Modernos.

Conpes 3859 de 2016. Política para la adopción e implementación de un catastro multipropósito rural-urbano.

Conpes 3958 de 2019. Estrategia para la implementación de la política pública de castro multipropósito.

Conpes 3975 de 2019 que establece la Política Nacional para la Transformación Digital e Inteligencia Artificial.

Conpes D.C 29 de 4 de julio de 2023, por medio de cual se adoptó la Política Pública Bogotá Territorio Inteligente 2023-2032.

Contreras Pantoja, Diego Felipe. "Los planes de ordenamiento territorial departamental como instrumentos administrativos de concreción de la planificación intermedia: ¿un escenario articulado o en construcción?", en *Ordenación del territorio, ciudad y derecho urbano: competencias, instrumentos de planificación y desafíos*, Universidad Externado de Colombia, Bogotá, 2020.

Covilla Martínez, Juan Carlos. "Concurrencia y coordinación en las distintas tipologías de determinantes de los planes de ordenamiento territorial", en Ordenación del territorio, ciudad y derecho urbano: competencias, instrumentos de planificación y desafíos, Universidad Externado de Colombia, Bogotá, 2020.

De la Rosa Calderón, María Daniela y Contreras Pantoja, Diego Felipe. "Instrumentos administrativos para la paz: programas de desarrollo con enfoque territorial (PDET). 2018" en Lecturas sobre Derecho de Tierras, Universidad Externado de Colombia 2018.

De la Rosa Calderón, María Daniela y Contreras Pantoja, Diego Felipe. "El carácter distributivo de la justicia ambiental como reivindicación de derechos: entre el racismo ambiental y las consideraciones socioeconómicas", en *Información, participación y justicia ambiental. Herramientas para alcanzar el desarrollo sostenible y la democracia ambiental,* Universidad Externado de Colombia, 2020.

DNP. 2020. Recomendaciones para el desarrollo de ciudades y territorios inteligentes. Tomado de https://www.dnp.gov.co/DNPN/Paginas/Recomendaciones-para-el-desarrollo-de-ciudades-y-territorios-inteligentes.aspx

DNP, "Levantamiento de una línea de base del Programa de POT modernos. Producto 2: informe línea de base de evaluación y documento de bases de datos", tomado de https://colaboracion.dnp.gov.co/CDT/Sinergia/Documentos/Evaluacion_POT_Moderno_Informe_Bases_Recomendaciones.pdf y consultado el 12 de enero de 2023, p. 6.

Dussauge-Laguna, Mauricio. La transferencia de políticas como fuente de innovación gubernamental: promesas y riesgos. *Estado, Gobierno y Gestión Pública,* 2012, no 19.

El Tiempo, *"Presentan proyecto para regular el uso de la inteligencia artificial en Colombia",* 11 de agosto de 2023, tomado de https://www.eltiempo.com/politica/congreso/presentan-proyecto-para-regular-el-uso-de-la-inteligencia-artificial-en-colombia-795218

Ennen Edith, The Medieval Town, 1979.

Escudero, Antonio. Volviendo a un viejo debate: el nivel de vida de la clase obrera británica durante la Revolución Industrial, Revista *de Historia Industrial,* Universidad de Barcelona, 2002.

Fernández González, Manuel. La Smart City como imaginario socio-tecnológico. *Cuadernos de investigación urbanística,* 2016, no 109.

Giffinger, Rudolf; Pichler-Milanovič, Nataša. *Smart cities: Ranking of European medium sized cities.* Centre of Regional Science, Vienna University of Technology, 2007.

Guio Español, Armando, et al. Marco ético para la Inteligencia Artificial en Colombia, 2021.

Hoyos Vásquez, Guillermo. "Ética para ciudadanos" en *La ciudad: hábitat de diversidad y complejidad,* Universidad Nacional de Colombia, Bogotá, 2002.

IGAC, "El OT del país en cifras", tomado de https://www.colombiaot.gov.co/acerca-de/ot_del_pais_en_cifras.html y consultado el 10 de enero de 2023.

Jaramillo Vélez, Rubén. "El rencor ante la ciudad" en *La ciudad: hábitat de diversidad y complejidad,* Universidad Nacional de Colombia, Bogotá, 2002.

Peña Valenzuela, Daniel. La Sociedad de la información y la transformación digital" en *Las TIC y las Sociedad Digital. Doce años después de la ley. Tomo II Ecosistema digital en sus distintos desarrollos y las tecnologías disruptivas,* Universidad Externado de Colombia, 2021.

Kitchin, Rob. The real-time city? Big data and smart urbanism. *GeoJournal,* 2014, vol. 79, no 1.

Klauser, Francisco; Paasche, Till & Söderström, Ola. Michel Foucault and the smart city: power dynamics inherent in contemporary governing through code. *Environment and Planning D: Society and Space,* 2014.

Lombardi, Patrizia, et al. Modelling the smart city performance. *Innovation: The European Journal of Social Science Research,* 2012, vol. 25, no. 2.

López Larnia, Alejandro. Las promesas y riesgos de la inteligencia artificial en el desarrollo urbano de América Latina y el Caribe, Blog de ciudades del BID, 15 de agosto de 2023, tomado de https://blogs.iadb.org/ciudades-sostenibles/es/promesas-riesgos-inteligencia-artificial-desarrollo-urbano-america-latina-ciudades/

Luque Ayala, Andrés; Marvin, Simon. Developing a critical understanding of smart urbanism? Urban Studies. 2015, vol. 52(12).

Mackay, Angus. Ciudad y campo en la Europa Medieval, 1984.

Mintic, 2021. Memoria Justificativa de la Resolución 1117 de 5 de abril de 2022. Por la cual se establecen los lineamientos de transformación digital para las estrategias de ciudades y territorios inteligentes de las entidades territoriales, en el marco de la Política de Gobierno Digital", Tomado de https://mintic.gov.co/portal/715/articles-208739_memoria_justificativa.docx

Montañez Gómez, Montañez. "Pensar la ciudad", en *La ciudad: hábitat de diversidad y complejidad,* Universidad Nacional de Colombia, Bogotá, 2002

Moreno González, Luz Adriana; Lael, Veronique; Vázquez Brust, Héctor Antonio y Patricio Zambrano Barragán, *¿Puede la inteligencia artificial ayudar a reducir la informalidad urbana?: Descubre MAIIA, el nuevo software del BID,* Banco Interamericano de Desarrollo, 22 de febrero de 2022, tomado de https://blogs.iadb.org/ciudades-sostenibles/es/inteligencia-artificial-informalidad-urbana/

OCDE. Evaluación de impacto del Gobierno Digital en Colombia. Hacia una nueva metodología. Editions OCDE, Paris, 2017.

ONU-Habitat. La Nueva Agenda Urbana. 2020 p.10 tomado de https://publicacionesonuhabitat.org/onuhabitatmexico/Nueva-Agenda-Urbana-Ilustrada.pdf

ONU, Recomendaciones sobre la ética de la inteligencia artificial, Francia, 2021.

Rincón Córdoba, Jorge Iván. *Planes de ordenamiento territorial, propiedad y medio ambiente,* Universidad Externado de Colombia, Bogotá, 2012.

Rincón Córdoba, Jorge Iván. Historia de las ciudades colombianas: de la norma urbana al derecho de la ordenación del territorio, en *Revista Iberoamericana de Gobierno Local, No.* 18, 2019.

Rincón Córdoba, Jorge Iván. "Los planes de ordenamiento territorial: ciudades en busca de identidad", en *Ordenación del territorio, ciudad y derecho urbano: competencias, instrumentos de planificación y desafíos,* Universidad Externado de Colombia, Bogotá, 2020.

Santaella Quintero, Héctor. "Los planes de ordenamiento territorial departamental: beneficios y riesgos de un instrumento clave para la ordenación del territorio en Colombia", en *Revista Digital de Derecho Administrativo*, Universidad Externado de Colombia, n° 20, 2018

Santos Rodríguez, Jorge Enrique. "Las compras públicas por medio de acuerdos marco de precios" en *Del contrato estatal a los sistemas de compra pública*, Universidad Externado de Colombia, Bogotá, 2019.

Schwab, Klaus. *La cuarta revolución industrial.* Debate, 2016.

Shorten, Connor; Khoshgoftaar, Taghi M & Furht, Borko. Text data augmentation for deep learnin, en *Journal of big Data*,2021,

Söderström, Ola; Paasche, Till & Klauser, Francisco. Smart cities as corporate storytelling. *City*, 2014, vol. 18, no 3, p. 310 y 311.

Vanolo, Alberto. Smartmentality: The smart city as disciplinary strategy. *Urban studies*, 2014, vol. 51, no 5

Washburn, Doug. et al. Helping CIOs understand "smart city" initiatives. *Growth*, 2009, vol. 17.

Zambrano, Fabio. "La ciudad en la historia", en *La ciudad: hábitat de diversidad y complejidad*, Universidad Nacional de Colombia, Bogotá, 2002

Jurisprudencia

Corte Constitucional, Sentencia C- 295 de 1993.

Corte Constitucional, Sentencia C-530 de 2003.

Corte Constitucional, Sentencia C-748 de 2011.

Corte Constitucional, Sentencia T-1077 de 2012.

Corte Constitucional, Sentencia T-713 de 2016.

Corte Constitucional, Auto 373 de 2016.

Consejo de Estado, Sala de lo Contencioso Administrativo, Sección Primera, Sentencia de 18 de octubre de 2019, radicado 13001-23-31-000-2008-00384-01.

Corte Constitucional, Sentencia C-038 de 2020.

Corte Constitucional, Sentencia C-138 de 2020.

Corte Constitucional, Sentencia C-415 de 2020.

Corte Constitucional, Sentencia T-143 de 2022.

Corte Constitucional, Sentencia T-276 de 2022.

Corte Constitucional, Sentencia SU – 288 de 2022.

Corte Constitucional, Sentencia C-321 de 2022

Corte Constitucional, Sentencia SU- 032 de 2022.

Autor

Diego Felipe Contreras Pantoja, abogado y magister en Derecho Administrativo de la Universidad Externado de Colombia. Actualmente se desempeña como docente investigador del departamento de Derecho Administrativo de la misma casa de estudios y ejercer como servidor judicial de la Subsección B de la Sección Tercera del Consejo de Estado. Correo: diego.contreras@uexternado.edu.co y enlace Orcid: https://orcid.org/0000-0001-6792-699X.